कुछ पल साथ रहो...

(कविता संग्रह)

कुछ पल साथ रहो...

तसलीमा नसरीन

अनुवाद

सुशील गुप्ता

वाणी प्रकाशन

वाणी प्रकाशन

4695, 21-ए, दरियागंज, नयी दिल्ली 110 002

फ़ोन : +91 11 23273167 फ़ैक्स : +91 11 23275710

शाखाएँ

अशोक राजपथ, पटना 800 004, बिहार

कॉफ़ी हाउस कैम्पस, महात्मा गांधी मार्ग, इलाहाबाद 211 001, उत्तर प्रदेश

महात्मा गांधी अन्तरराष्ट्रीय हिन्दी विश्वविद्यालय, वर्धा 442 001, महाराष्ट्र

सुल्तानिया रोड, मोतिया पार्क, भोपाल 462 001, मध्य प्रदेश

www.vaniprakashan.com
marketing@vaniprakashan.in
sales@vaniprakashan.in

KUCHH PAL SATH RAHO...
by Taslima Nasreen
Translated by Sushil Gupta

ISBN : 978-81-8143-306-0
Poetry Collection

संस्करण 2005, 2009
तृतीय संस्करण 2021

मूल्य : ₹ 295

एशियन ऑफ़सेट प्रेस, दिल्ली-110 093 में मुद्रित

वाणी प्रकाशन का लोगो मक़बूल फ़िदा हुसेन की कूची से

उन दिनों माँ कितनी तकलीफ पाती थी! कितना-कितना रोती थी माँ!
वह मुझसे कहती थी कि मेरे वापस लौटते ही,
उसके सारे दुःख दूर हो जाएँगे।
मैं अब किसी दिन भी वापस नहीं लौटूँगी, माँ क्या जानती थी?
मन ही मन सही, तुझे भी क्या यह पता था?

तुझे मुझको बताना चाहिए था! सब कुछ!
जैसे माँ को छू-छूकर, तू उन्हें तसल्ली देती थी—
किसी दिन मैं ज़रूर लौट आऊँगी।
जैसे तू माँ के आँसू पोंछ देती थी,
उनकी तरफ हाथ बढ़ा देती थी!
तुझे सब बताना चाहिए था न!
मुझे भी छू लेना था, तुम्हारे हाथ,
जिसे थामकर मुझे लगता—मैं माँ को छू रही हूँ!
जिन हाथों की खुशबू में मिलेगी मुझे माँ की खुशबू!
तेरे वे हाथ, अब कहाँ हैं, शेफाली?

मुझे माँ को पाने दे!

यास्मीन को
जो है तो मेरी बहन,
लेकिन बहन से भी ज़्यादा है।

अभी नहीं
ज़रा ठहरकर,
चले जाना

मुझे कुछ कहना है...

मन में चन्द शब्द, चन्द आवाज़ें उभरती रहीं। मैंने उन्हें नाम दिया है—कविता। ये आवाज़ें मेरे मन के भीतर से उभरती रहीं। ये मेरे मन के शब्द हैं, मन से उभरे हैं। चूँकि मैं मन की क़द्र करती हूँ, इसलिए शब्दों की भी क़द्र करती हूँ।

प्रेम, मृत्यु, कलकत्ता, निःसंगता—मेरे प्रिय विषय इस संग्रह में शामिल हैं। सब कुछ की तरह, अब प्रेम भी कहीं और ज़्यादा घरेलू हो गया है। ये कविताएँ मैंने हार्वर्ड विश्वविद्यालय में पूरे साल भर रहने के दौरान, केम्ब्रिज, मैसाचुसेट्स में बैठकर लिखी हैं। कविता लिखने में, मैंने साल भर नहीं लगाया, जाड़े का मौसम ही काफी था। इन्हें कविता भी कैसे कहूँ? इनमें ढेर सारे तो सिर्फ ख़त हैं। सुदूर किसीको लिखे गए, रोज़-रोज़ के सीधे-सरल ख़त! चार्ल्स नदी के पार, केम्ब्रिज के चारों तरफ़ जब बर्फ़ ही बर्फ़ बिछी होती है और मेरी शीतार्त देह जमकर, लगभग पथराई होती है, मैं आधे सच और आधे सपने से, कोई प्रेमी निकाल लेती हूँ और अपने को प्यार की तपिश देती हूँ, अपने को ज़िन्दा रखती हूँ। इस तरह समूचे मौसम की निःसंगता में, मैं अपने को फिर ज़िन्दा कर लेती हूँ।

और रही मृत्यु! और है कलकत्ता! निःसंगता! मृत्यु तो ख़ैर, मेरे साथ चलती ही रहती है, अपने किसी बेहद अपने का 'न-होना' भी साथ-साथ चलता रहता है! हर पल साथ होता है! उसके लिए शीत, ग्रीष्म की ज़रूरत नहीं होती। कलकत्ते के लिए भी नहीं होती। निःसंगता के लिए तो बिल्कुल नहीं होती। ये सब क्या मुझे छोड़कर जाना चाहते हैं? वैसे मैं भी भला कहाँ चाहती हूँ कि ये सब मुझसे दूर जाएँ। कौन कहता है कि निःसंगता हमेशा तकलीफ ही देती है, सुख भी तो देती है।

इस काव्य-संग्रह में मानवता की भी बातें हैं; औरत की भी बातें हैं। सभी मौसम मौजूद हैं! हमेशा रहती हैं!

—तसलीमा नसरीन, 2004

अनुक्रम

कलकत्ता

कलकत्ता इस बार...

इस बार कलकत्ता ने मुझे काफ़ी कुछ दिया,
लानत-मलामत; ताने-फिकरे,
छिः छिः, धिक्कार,
निषेधाज्ञा
चूना-कालिख, जूतम्-पजार

लेकिन कलकत्ते ने दिया है मुझे गुपचुप और भी बहुत कुछ,
जयिता की छलछलायी-पनीली आँखें
रीता-पारमीता की मुग्धता
विराट एक आसमान, सौंपा विराटी ने
2 नम्बर, रवीन्द्र-पथ के घर का खुला बरामदा,
        आसमान नहीं तो और क्या है?

कलकत्ते ने भर दी हैं मेरी सुबहें, लाल-सुर्ख गुलाबों से,
मेरी शामों की उन्मुक्त वेणी, छितरा दी हवा में।
हौले से छू लिया मेरी शामों का चिबुक,
इस बार कलकत्ते ने मुझे प्यार किया ख़ूब-ख़ूब।
सबको दिखा-दिखाकर, चार ही दिनों में चुम्बन लिए चार करोड़।
कभी-कभी कलकत्ता बन जाता है, बिल्कुल सगी माँ जैसा,
प्यार करता है, लेकिन नहीं कहता, एक भी बार,
        कि वह प्यार करता है।

चूँकि करता है प्यार, शायद इसीलिए रटती रहती हूँ—कलकत्ता! कलकत्ता!
अब अगर न भी करे प्यार, भले दुरदुराकर भगा दे

तब भी कलकत्ता का आँचल थामे, खड़ी रहूँगी, बेअदब लड़की की तरह!
अगर धकियाकर हटा भी दे, तो भी मेरे क़दम नहीं होंगे टस से मस!

क्यों?
प्यार करना क्या अकेले वही जानता है, मैं नहीं?

कलकत्ता का प्रेम

तुम सिर्फ़ तीस के लगते हो, वैसे तुम हो तिरसठ के!
बहरहाल, तिरसठ के हो या तीस के, किसी को क्या फ़र्क़ पड़ता है?
तुम, तुम हो; तुम जैसे; ठीक वैसे, जैसा तुम्हें फबता है।

जब-जब झाँकती हूँ, तुम्हारी युगल आँखों में
लगता है, पहचानती हूँ उन आँखों को दो हज़ार वर्षों से!
होठ या चिबुक, हाथ या उँगलियाँ,
जिस पर भी पड़ती है निगाह, लगता है पहचानती हूँ इन्हें।
दो हज़ार क्यों, इससे भी काफ़ी पहले से पहचान है मेरी,
इतनी गहरी है पहचान कि लगता है, जब चाहूँ छू सकती हूँ उन्हें,
किसी भी वक्त,
रात या दोपहर, यहाँ तक कि आधी-आधी रात को भी!
यह भी लगता है, जैसे चाहूँ, उनमें पुलक जगा सकती हूँ,
रात जगा सकती हूँ,
चिमटी काट सकती हूँ, चूम सकती हूँ, मानो वे सब मेरे कुछ लगते हैं।
तीस-तीस साल के लगनेवाले मेरे अहसासों की तरफ तुमने,
देखा है कई-कई बार,
लेकिन कुछ कहा नहीं!
जब मैं फुर्र हो रही थी, सिर्फ़ तभी
तुमने मेरे दोनों हाथों में भर दिए गुलाब ही गुलाब!
अब कैसे लगाऊँ गुलाबों का कोई अलग अर्थ?
गुलाब तो आजकल, महज रस्म के तौर पर नज़र करता है,
हर कोई किसी को भी!
लेकिन मुझे तो तुम्हारे कुछ कहने का इन्तज़ार था,

लेकिन कुछ नहीं कहा तुमने,
मैं परखती रही, शायद मन ही मन कुछ कहो,
लेकिन नहीं, तुमने कुछ भी नहीं कहा!

क्यों?
उम्र गुज़र जाए, तो क्या प्यार नहीं किया जाता?

मन

दरख़्तों को काटकर, नक़्क़ाशीदार घर-मकान ढहाकर,
माचिस की डिबियानुमा, ऐसे अजीबोग़रीब घर-मकान क्यों उठा रहा है, रे?
तुझे हो क्या गया है?
तू क्या स्थापत्य में, सृजन में, श्री में अब ख़ास भरोसा नहीं करता?
शायद तुझे ढेर-ढेर रुपये चाहिए!
इतने-इतने रुपयों का तू करेगा क्या, कलकत्ता?
न्यूयॉर्क बनेगा?

आजकल तेरी चाहिए-चाहिए की ललक काफ़ी बढ़ गई है,
किसे ठगकर शोहरत कमाए, किसी भुनाकर क्या बने—इसी चक्कर में पड़ा है न?
शामों की तेरी अड्डेबाज़ी
उस वक्त मुर्दा इन्सानों जैसे ठहाके लगाती है,
जब बोतल तोड़कर निकले हुए जिन को धर दबोचने को तू उमड़ा पड़ता है,
और इस-उसके नाम आधी रात तक गन्दे-गन्दे फिकरे कसते हुए,
जैसे-तैसे दो-एक रवीन्द्र मारकर, लड़खड़ाते हुए घर लौटता है,
उकड़ूँ होकर उगलने के लिए!
तू क्या कुशल-मंगल है, कलकत्ता?
धत्त्, फिजूल की बकवास मत कर!
कुशल-मंगल होता, तो कोई यूँ रुपये-रुपये की रट लगाता?
इतने-इतने गहने गढ़ाता?

अच्छा, अब कभी तुझे फुर्सत होती है, शिशिर के परस के लिए?
इन्द्रधनुष पर निगाह पड़ते ही, सब कुछ छोड़-छाड़कर,
क्या तू ठिठक नहीं जाता?

कभी बैठता है कहीं, किसी के करीब? कभी दुःख से नज़र मिलाता है?
अच्छा तेरा वह मन क्या, अब बूँदभर भी नहीं बचा?
जेब में फूटी कौड़ी भी न हो, फिर भी खुद को राजा-राजा
समझने वाला मन?

वह लड़की

वह लड़की अकेली है
असहनीय तरीके से अकेली है वह लड़की! बस, ऐसे ही अकेली है वह!
इसी तरह निर्लिप्त और दुनिया के सभी कुछ के प्रति,
अपनी तटस्थता समेत, निचाट अकेली!
इसी तरह वह ज़िन्दा है, दीर्घ-दीर्घ काल निर्वासन में।
एकमात्र कलकत्ता ही उठाता है लहरें, उस लड़की के शान्त-थिर जल में,
एकमात्र कलकत्ता ही उसे नदी कर देता है।
कलकत्ता ही फूँकता है, उसके कानों में सकुशल रहने का मन्त्र!
एकमात्र कलकत्ता ही।

कलकत्ते की धूल-मिट्‌टी में सियाह पड़ गयी उस लड़की की देह!
उधर जितनी भी लिपटी थी कालिमा
उसके मन में, आँखों तले! सोखकर तमाम कालिमा,
इसी कलकत्ते ने कैसा उजला रखा है सभी कुछ!
अब दोनों जन मिलकर निहारते रहते हैं, जगत के अदेखे रूप,
पा लेते हैं अनुपलब्ध चेहरे!
कितनी-कितनी तरह के रोग से ग्रस्त है कलकत्ता!
जाने कितनी ही तरह के—नहीं! नहीं!
अभाव! मोहताजी!
फिर भी जादू की तरह जाने कहाँ से निकाल लाता है,
हीरे-माणिक!
कई-कई सालों से नितान्त प्रेमहीन वह लड़की,
बिनं माँगे ही उसे ढेर-ढेर प्यार दे डाला कलकत्ता ने!

आयी हूँ अस्त होने...

पूरब में तो जन्मी ही थी, पूरब में ही तो नाची थी, दिया था यौवन,
जो भी था उँड़ेलना, उँड़ेल दिया पूरब में!
अब, जब कुछ भी नहीं रहा, जब बाल हुए कच्चे-पक्के,
जब आँखों में मोतियाबिन्द, धूसर-धूसर नज़र;
जब सब कुछ खाली-खूली, चहुँओर भाँय-भाँय–
आयी हूँ ढलने को पश्चिम में।

अस्त होने दो! अस्त होने दो! होने दो अस्त!
अगर न होने दो, तो करो स्पर्श,
हौले से स्पर्श करो, स्पर्श करो ज़रा-सा,
रोम-रोम में, छाती पर,
स्पर्श करो पोर-पोर, झाड़कर जंग, चूम लो त्वचा को,
कसकर दबोच लो कंठदेश, मार डालो मृत्यु की चाह को,
उछालकर फेंक दो, सतमंज़िले से! मुझे सपने दो! मुझे बचा लो!

पूरब की साड़ी का आँचल बाँध रखो पश्चिम की धोती की चुन्नट से,
रंग लाने चली हूँ, आकाश पार,
चलेगा कोई? पश्चिम से पूरब तक
दक्षिण से उत्तर तक करते हुए रोर!
लो, मैं तो चली, उत्सव का रंग लाने,
और कोई चाहे, तो चले मेरे साथ!
अगर कोई मिलाना चाहे दोनों आकाश, तो चले,
अगर हो गया मेल, तो मैं नहीं होऊँगी अस्त!
हरगिज नहीं होऊँगी अस्त, उस अखण्ड आकाश में!

सारे चोर-काँटे चुनकर, मैं सजाऊँगी गुलाबों का बाग़,
अस्त नहीं होऊँगी मैं!
लहलहाएँगे खेत-फ़सल इस पार से उस पार! दिगन्तपार!
तैरते-तैरते मैं एकमेक कर दूँगी, गंगा, पद्मा, ब्रह्मपुत्र!
अस्त नहीं होऊँगी।

प्रिय चेहरा

जब भी देखती हूँ आपका चेहरा, आप मुझे कलकत्ता लगते हैं।
आपको क्या पता है कि मुझे बिल्कुल यही लगता है?
आप क्या जानते हैं, आप अति असम्भव तरीके से
 समूचे के समूचे कलकत्ता ही हैं?
नहीं जानते न? अगर जानते तो बार-बार अपना मुँह नहीं फेरते।
सुनें मेरी एक बात—
आपके चेहरे की ओर देखते हुए, आपको नहीं,
 मैं देखती हूँ कलकत्ता को,
धूप ने डाल दी है माथे पर सलवटें, आँखों की कोरों में
 चिन्ता की झुर्रियाँ,
गालों पर कालिख
होठों पर रेत
आप बेतहाशा दौड़े चले जाते हैं
 और फूहड़ तरीके से हो रहे हैं पसीने-पसीने,
अर्से से नहीं कोई खुशख़बरी, अर्से से जी भर नहाए नहीं,
नींद नहीं आती।

आप क्या यह सोच बैठे हैं कि चूँकि मैं पड़ी हूँ, आपके घर में
आपको करीब खींच लेती हूँ, सामने बिठाती हूँ,
चिबुक थामकर चेहरा उठाती हूँ, तन्मय निहारती रहती हूँ
और मेरी पलकों की कोरों में जमा होते जा रहे हैं बूँद-बूँद सपने?
आपके होठों तक, जब बढ़ाती हूँ अपने भीगे युगल होंठ,
आप सुख से सिहर उठते हैं।

आपको ख़बर नहीं, क्यों मेरे होठ बढ़ जाते हैं,
आपके होठों तक,
गालों
आपके माथे
और आँखों की कोरों तक।
क्यों मेरी उँगलियाँ छूती हैं, आपका चेहरा?
धीरे-धीरे समेट देती हैं आपके बाल,
सहलाकर मिटा देती हैं माथे की सलवटें,
तनी हुई झुर्रियों को सपाट कर देती हैं,
पोंछ देती हैं पसीना, कालिख-रेत सारा कुछ मेट देती हैं।
क्यों? मैं क्यों चूमती हूँ आपका चेहरा, आप नहीं जानते।
आपको तो अन्दाज़ा भी नहीं, जब मैं आप से कहती हूँ—
मैं आपसे प्यार करती हूँ,
दरअसल मैं किसे प्यार करती हूँ,
आप नहीं जानते, इसलिए अब भी उम्मीद लगाए हैं!

उफ! तुम किसी उम्मीद में मत रहो।
किसी को यूँ कंगले की तरह टकटोरते हुए देखना,
कतई भला नहीं लगता मुझे।
तुम इतने बुद्धू क्यों हो? क्यों नहीं देखते?
मेरा हाथ जितनी भी बार, कहीं और रखने की कोशिश करते हो,
मैं नहीं रखती,
तुम फेरना चाहते हो मेरी निगाह, फिर भी मेरी आँखें थिर रहती हैं
तुम्हारे चेहरे पर! सिर्फ चेहरे पर ही!
मैं तो सिर्फ़ जगे-जगे, गुज़ार देती हूँ सा-री रात,
गुज़ार सकती हूँ पूरी ज़िन्दगी, तुम्हारा चेहरा निहारते हुए!
हाँ, निहारते हुए सिर्फ़ तुम्हारा चेहरा!

कलकत्ता-कल्चर

रवीन्द्रसदन में आज गाना चल रहा है, नन्दन में आज बजा रहे हैं अमजद,
शिशिरमंच में नाटक है, अकादमी में भी कुछ-कुछ है
कलकत्ता के गर्मागर्म कल्चर-मुहाल में खड़े-खड़े,
अब चाय की चुस्कियाँ लगाओ,
इधर-उधर करो ताक-झाँक, खोजो परिचित चेहरा,
अगर कोई चेहरा नज़र आ जाए, तो सिर हिलाओ—
'एइ, क्या हालचाल है?' सवाल करो।
सीढ़ी पर ऐसी अदा से खड़े हो या पिछाड़ी टिकाओ,
मानो हर किसी की निगाह तुम पर है।
तुम, जो कल्चर-मुहाल में नियमित हो, लोग देखें,
तुम, जो दस-पाँच करके भी कल्चर में डूबे हो, लोग देखें,
गृहस्थी के सैकड़ों झमेले झेलते हुए भी तुमने कल्चर क़ायम रखा है, लोग देखें,
मानो तुम्हारे कुर्ते पर सूत की कसीदाकारी देखकर,
साड़ी का नशा-नशा रंग देखकर,
तुम्हारा गीतनुमा कविता-कविता-सा चेहरा देखकर,
तुम्हारे नाटकीय बाल देखकर, फ़िल्मी हाव-भाव देखकर,
तुम कल्चर साले के बाप के बाप हो, लोग देखें।

चलो या बातें करो ऐसे अन्दाज़ में कि दर्शक-श्रोता जान जाएँ
कि तुम कम से कम किसी एम्बेसडर या मारुति के मालिक हो!
यूँ ठहाके लगाकर हँसो कि लोग समझें, तुम्हारे मन में कोई दुःख नहीं,
यूँ कि उन्हें अन्दाज़ा हो जाए कि तुम किसी रईस मुहाल के बाशिन्दा हो,
तुम उन गन्दी-शन्दी, फूहड़ बस्तियों में नहीं रहते,

जहाँ शहर के दस लाख इन्सान बसते हैं।
ज़रा क़दम बढ़ाओ, किसी से सटकर खड़े हो, मन ही मन चूम लो,
चूमो और पौरुष-पुलक से भरकर, तुम यह जाहिर करो,
तुम उन अभागे दस लाख लोगों के कोई नहीं हो।

बर्फबारी में...

अचानक जाने किसने तो मुझे उछाल फेंका यहाँ, बर्फबारी में...
जितनी भी दूर तक नज़र पहुँचती है या नहीं पहुँचती,
आँखें चौंधिया देनेवाला सफ़ेद! सिर्फ दूधिया सफ़ेद! सिर्फ साँय-साँय!
बाँहें फैलाए जारी है नृत्य, बर्फ की बेटी का!
मुझे मुश्किल में डालकर, बर्फ की आँधी उतार लेती है,
        पाँव ढँकने के सा-रे परिधान!
मेरे केश, आँखें,
मेरा सबकुछ
बर्फ से ढँक गया मेरा अंग-अंग!
आकाश उतर आया है बिल्कुल क़रीब,
छूते ही टूटकर आ गिरी, जीवन्त एक शाख,
आकाश अब नहीं रहा आकाश जैसा,
वह भी गिर पड़ा है मुँह के बल!
हाँ, कहीं-कहीं खड़े दो-एक पेड़, टूट-टूटकर विलीन होते जा रहे हैं,
        तुषार-स्तूप में!
प्रकृति का कफ़न मुझे लपेटकर, समाता जा रहा है कहीं, किसी गह्वर में!
सुर्ख, कँपकँपाते मेरे होंठ, लाल कान, नाक और गाल पर
        जमने लगा है ख़ून!
उँगलियाँ बिल्कुल सफ़ेद, बर्फ-सी सफ़ेद,
उँगलियों में नहीं रहा, उँगलियों का बोध,
मानो कई-कई लाख सूइयाँ चुभ गई हों, उँगलियों में!
मैं न कुछ देख पा रही हूँ, न सुन पा रही हूँ
सारा कुछ श्वेत-सफ़ेद! मौत की तरह! निःशब्दता की तरह! चाँदनी की तरह!
आहिस्ते-आहिस्ते रक्तहीन होती जा रही है त्वचा,

धीरे-धीरे तीखे-नुकीले शीतार्त दाँत, मुझे खाते-चबाते, निगलते हुए,
बिल्कुल मेरे हाथ-पाँव से जाँघों तक, जाँघों से बाँहों और
छाती तक हहरा उठे हैं,
चढ़ रहे हैं ऊपर! चढ़ते आ रहे हैं।

मैं जमती जा रही हूँ
जमती जा रही हूँ मैं,
पूरी की पूरी मैं,
एक अदद
पिण्ड बनती जा रही हूँ...

ओ देश, ओ कलकत्ता, थोड़ी-सी आग देगा?

आखिरकार

ना, कलकत्ता,
आखिरकार तुम भी मेरे लिए नहीं हो, कोई समाधान!
तुम भी नहीं हो मेरे सवालों का कोई जवाब!
क्या भरोसा, तुम भी किसी पल हो सकते हो,
किसी भी शहर जैसे कपटी! लम्पट!
किसी भी पल चहुँओर की हार्दिकता त्यागकर,
चुन सकते हो अमानवीय परमाणु का छोर!

क्या भरोसा, मंच-मंच पर तुम्हारा वह नाटक, शायद नाटक हो,
आत्मशुद्धि पर अगर करूँ गौर, तो नज़र आए कृत्रिमता! फाँकी!
क्या भरोसा?

साँस लेने के लिए, अगर आऊँ भी तुम्हारे करीब,
कहीं तुम भी न खो दो अपनी उष्णता!
मुँह फेरकर, बाकी सब शहरों की तरह दिखाने लगो निष्ठुरता!
प्यार करता हूँ—कहते तो हो, हाँ कहते हो, करता हूँ प्यार,
दरअसल तुम नहीं करते प्यार-वार!
तुममें जो कुछ भी है सुन्दर, पिछले दरवाज़े से झाँककर देखूँगी जिस दिन,
नज़र आएगा कुत्सित ढेर!
तुम जुबान से भले कुछ भी कहो, कहीं मैं जान लूँ,
असल में तुम देते हो उसी को,
जिसके पास सबकुछ है!
जिसके पास कुछ भी नहीं, उसे ठगते रहे हो, दिन-प्रतिदिन!
अगर कहीं हो जाए आभास, तुम भी सन्त्रास में व्यस्त,

मन ही मन खूनी हो तुम भी!
अगर कहीं मन उचट जाए,
उचट जाए मन!
तुमसे मन उचटने का मतलब है, ब्राह्माण्ड से मन उचाट,
तुम्हारे न होने का मतलब है, आखिरी तीली-तिनका तक उजाड़!

तुम तो हो सपना! सपना हो तुम! तुम सपना ही बनकर रहो!
मैं तुम्हें साथ लिए घूमती फिरूँगी, दुनिया की राह-राह,
एक शहर से दूसरे शहर! मुझे होगा, अहसास,
कोई भी शहर नहीं अपना!
मैं जानूँगी, दूर कहीं, कोई शहर है, नाम—कलकत्ता!
दूर कहीं, कोई शहर है, मेरा शहर!
दुनिया का सबसे उजला शहर; अनिन्द्य खूबसूरत शहर!
है एक शहर, नाम—कलकत्ता
कहीं एक शहर है, मेरा शहर! मेरे प्यार का शहर!
वैसे मुझे मालूम है, आखिरकार, तुम भी नहीं हो मेरा कोई सुख,
नीम राहत भी नहीं हो!
फिर भी है सपना! प्राणों में सपना! सपनों के बिना,
इन्सान भला ज़िन्दा रहता है?
सपना है, रहे! कलकत्ता दूर है, रहे।

कलकत्ता तेरा हृदय

सब तरफ चल-फिर रहे हैं, पूँजीवाद के हाथी
सब कहीं माथे पर पग्गड़ बाँधे, बैठा है साम्राज्यवाद!
तुम ठहरीं बुँदकी भरी चींटी, डंक मारो,
तो भी किसी को होता नहीं अहसास!
वैसे तुम ख़ास कुछ कर भी नहीं सकतीं,
सिर्फ़ देख सकती हो लालसा की जुबान!
देर-सबेर जिह्वा पर एक सौ मरी हुई मधुमक्खियाँ निरख सकती हो।
हर चेहरे की बनावटी हँसी देख सकती हो,
कुछेक पल उस हँसी पर निगाहें गड़ाए,
एक समूचे कंकाल की खोपड़ी देखकर आतंकित हो सकती हो,
अब तुम्हें नज़र नहीं आता, इन्सान का तन-बदन
तन-बदन तो अब कागजी डॉलर-यूरो-पाउंड बनकर,
लिमोज़िन में सवारी करते हैं, कॅन्कॉर्ड में चढ़ते हैं,
महीने-महीने ख़्वाहिशें ख़रीदते हैं, गर्मी के मौसम में समुन्दर निपटा आते हैं,
इनका सीना चीरकर देखा है तुमने? उनमें दिल नहीं होता।
खोपड़ी तोड़कर देखी है? दिमाग़ ग़ायब!
आँखें उघाड़कर देखा है? दृष्टिहीन!
हाथ रखते ही, हाथ में आता है, सड़ा-गला मांस और मवाद!
अर्सा पहले, ये सब के सब मृत हो चुके हैं
अर्से से इन्होंने नहीं ली एक भी साँस।
इन्हें फेंक-फाँककर दौड़ते हुए, जब तुम फ़रार हो जाती हो, उल्टी तरफ,
देखो, भीड़ को देखो, कई-कई भीड़ में जीते-जागते इन्सान
इनके पीछे हो लिए हैं।
ये लोग पत्थर हाथों से तुम्हें खींच-खाँचकर,

भीड़ में शामिल करने की कोशिश करते हैं।

तुम डर जाती हो!
तुम गुस्से में ज़ोर से अपने को झटककर अलग करती हो,
पथराई जिह्वा से निकलती है चुचकार!
पथराई आँखों में करुणा!
तुम भाग रही हो,
जी-जान से भागते हुए, अब तुम शहर भी छोड़ देती हो,
तुम्हें इन्सान की तलाश है!
तुम ठहरीं खून-मांस की जीव,
बेतहाशा खोजती हो इन्सान,
ऐसा इन्सान, जो गाता हो,
देखता हो सपने, जो इन्सान प्यार करता हो,
पागलों की तरह तुम खोजती हो इन्सान,
खोजती ही रहती हो,
ऐसा एक शहर, जिसमें दिल जैसा कुछ बसा हो,
अभी भी मौजूद हो, थोड़ा-सा बचा-खुचा, तिल बराबर ही सही,
मौजूद हो दिल!
तुम दौड़ पड़ती हो, मानो सैकड़ों बरस से, सैकड़ों सदी से दौड़ रही हो,
दमफूली रफ़्तार से दौड़ती जा रही हो!
तुम्हारे बाल लहरा रहे हैं! बालों में जट पड़ने लगे हैं,
बालों में सफ़ेदी आने लगी है!
तुम्हारी त्वचा पर धूल जमने लगी है, झुर्रियाँ पड़ने लगी हैं,
आँखों तले सियाही झलकने लगी है,
पाँव में जूते नहीं, कीचड़भरे पाँव, काँटों से लहूलुहान!
अचानक मिल गया! आखिर तुम्हें मिल ही गया,
हाँफते-हाँफते तुम रुकीं, साँस ली,
अरे! तुम कलकत्ते में आ रुकी हो, लड़की!

मृत्यु

कभी था, अब नहीं है

वह इन्सान साँस लेता था, अब नहीं लेता
वह इन्सान बातें करता था, अब नहीं करता
वह इन्सान हँसता था, अब नहीं हँसता
वह इन्सान रोता था, अब नहीं रोता
वह इन्सान जागता था, अब नहीं जागता
वह इन्सान नहाता था, अब नहीं नहाता
वह इन्सान आहार करता था, अब नहीं करता
वह इन्सान चलता था, अब नहीं चलता
वह इन्सान दौड़ता था, अब नहीं दौड़ता
वह इन्सान बैठता था, अब नहीं बैठता
वह इन्सान प्यार करता था, अब नहीं करता
वह इन्सान ख़फ़ा होता था, अब नहीं होता
वह इन्सान लम्बी उसाँसें छोड़ता था, अब नहीं छोड़ता

वह इन्सान ज़िन्दा था, वह इन्सान नहीं रहा

दिन गुज़रते रहे, वह इन्सान नहीं लौटा
रात गुज़रती रही, वह इन्सान नहीं लौटा
वह इन्सान, अब, इन्सानों में नहीं लौटा
लोग धीरे-धीरे भूलते गए, वह इन्सान नहीं रहा
लोग धीरे-धीरे भूलते गए, वह इन्सान कभी हुआ करता था।

वह इन्सान, अब, कभी इनसानों के बीच नहीं लौटेगा
वह इन्सान अब, कभी आकाश नहीं निहारेगा, उदास नहीं होगा,

वह इन्सान अब, कभी कविता नहीं पढ़ेगा, गाने नहीं गाएगा।
वह इन्सान अब, कभी फूलों की ख़ुशबू नहीं सूँघेगा
वह इन्सान अब, कभी सपने नहीं देखेगा।

वह इन्सान नहीं रहा।
वह इन्सान मिट्टी में रुलमिल गया है, वह इन्सान ख़ाक़ हो चुका है,
वह इन्सान पानी हो गया है।
कोई कहता है, वह इन्सान, आसमान में नक्षत्र बन गया है
अब कोई कुछ भी कहे, वह इन्सान नहीं रहा।
वह कहीं नहीं है! न किसी जंगल में, न किसी समुन्दर में!
अब वह किसी मरुभूमि में भी नहीं, लोकालय में भी नहीं,
दूर, बहुत दूर वह जो द्वीप है, वह इन्सान, वहाँ भी नहीं है।
दुनिया के इस छोर से उस छोर तक, शिद्दत से तलाश के बावजूद,
और कोई भले मिल जाए, वह इन्सान अब नहीं मिलनेवाला!
वह इन्सान अब नहीं रहा।

वह इन्सान जब था, जब हुआ करता था,
उस इन्सान को लोग ढेरों दुःख देते थे।
वह इन्सान जब था, जब हुआ करता था,
उस इन्सान के प्रति लोग नफ़रत उछालते थे।
वह इन्सान जब था, जब हुआ करता था,
उस इन्सान को प्यार करने का ख़्याल, किसी को भी नहीं आया,
उस इन्सान ने जिन इन्सानों की परवरिश की,
वे लोग तो हैं, सिर्फ वह इन्सान नहीं है।
वे दरख़्त भी मौजूद हैं, जो उसने रोपे थे, सिर्फ वह इन्सान नहीं है।
जिस घर में उसका जन्म हुआ था, वह घर अब भी मौजूद है,
जिस घर में उसका शैशव बीता था, वह घर अब भी मौजूद है,
जिस घर में उसका कैशोर्य गुज़रा था, वह घर अब भी मौजूद है,
जिस घर में उसकी जवानी कटी थी, वह घर अब भी मौजूद है।

जिस मैदान में वह खेला करता था, वह मैदान अब भी बिछा है,
जिस पोखर में वह नहाता था, वह पोखर अब भी उमड़ता है,

जिस गली में चलता-फिरता था, वह गली अब भी क़ायम है
जिस सड़क पर वह आता-जाता था, वह सड़क अब भी क़ायम है
जिस पेड़ का फल वह तोड़-तोड़कर खाया करता था,
वह पेड़ अब भी खड़ा है,
जिस बिस्तर पर वह सोता था, वह बिस्तर आज भी जस का तस है,
जिस तकिए पर वह सिर टिकाता था, वह तकिया भी ज्यों का त्यों है,
जिस कथरी से वह तन ढँकता था, वह कथरी भी सही-सलामत है,
जिस गिलास में वह पानी पीता था, वह गिलास भी सही-सलामत है,
जो चप्पल वह पहनता था, वह चप्पल भी मौजूद है,
जो कपड़े वह इस्तेमाल करता था, वे कपड़े भी मौजूद हैं,
जो खुशबू वह बदन पर छिड़कता था, वह खुशबू अब भी सदाबहार है,
सिर्फ़ वही नहीं है।

वह जो आसमान देखा करता था, वह आसमान आज भी है
सिर्फ वह नहीं है।
जो घर-द्वार, मैदान या पेड़,
जिस घास-फूल को वह निहारा करता था—सब के सब अब भी मौजूद हैं,
सिर्फ़ वह नहीं है।

वह इन्सान कभी था, अब नहीं रहा।

न होना...

एक भयंकर 'न होने' को साथ लेकर, मैं सोने जाती हूँ, हर रात!
सो जाती हूँ, नींद से जागती हूँ, स्नानघर में दाखिल होती हूँ—
'न होना' साथ होता है।

दिन की शुरुआत से ही शुरू हो जाती है, दिन भर की हलचल,
एक सौ एक लोगों के साथ उठना-बैठना,
यह-वह करने की बेतहाशा दौड़-धूप,
लिखना-पढ़ना,
एक कागज मिला, तो दूसरा हवा,
हाट-बाज़ार, खाना-पीना—इन सबके बीच, 'न होना' विराजमान!

शाम को थियेटर में,
रेस्तराँ या कैफे के अड्डे के हो-हुल्लड़, हँसी-ठहाके में,
इस-उस घर अभिनन्दन में,
छत पर बेलौस बैठे रहने की मस्ती में, बैठे-बैठे चाँद निहारते हुए,
चाँद देखते-देखते चुम्बन लेने में, निभृत में,
रहता है साथ-साथ यह 'न होना।'

जब टूटने-बिखरने लगती हूँ,
किताब हाथ से छूट जाती है, चश्मा भी—
ढलकी पड़ी देह को आधी रात,
हौले-से छूकर, बालों में उँगलियाँ फिराते हुए, 'न होना' कहता है—
'उफ! तुम किस क़दर थक गई हो! चलो, अब सो जाओ।'

जाना नहीं

जाना नहीं! मुझे छोड़कर, अब एक क़दम भी कहीं मत जाना।
चले गए हो, मुझे पता है, अब लौट आओ।
जहाँ तुम लेटी हो, जिस जगह तुम्हें लिटाया गया है,
लक्ष्मी-बेटी की तरह वहाँ से उठ आओ।
रहो मेरे पास! अब कहीं, किसी दिन भी जाना मत, कहीं मत जाना।
कोई ले जाना चाहे, फिर भी मत जाना।
रंग-बिरंगे लोभ दिखा-दिखाकर, कितने ही लोग फुसलाएँगे—'आओ'
तुम सीधे कह देना, तुम नहीं जाओगी।
हर पल थामे रहो मेरे दोनों हाथ,
हर पल छुए रहो मेरी देह,
रहो बिल्कुल करीब, आँखों के सामने रहो,
मेरी साँस-साँस के साथ गुँथी रहो,
घुली-मिली रहो!
किसी दिन, कोई बुलाए भी, तो हरगिज मत जाना,
कोई डराए-धमकाए, तो भी नहीं,
झटका देकर खींच ले जाना चाहे, तब भी नहीं,
धज्जी-धज्जी कर डाले, तब भी नहीं!
जाना नहीं! बिल्कुल मत जाना!
जहाँ मैं रहूँ, वहीं रहो, हरदम, हर पल रहो।
फिर से शुरू करो ज़िन्दगी,
जैसी ज़िन्दगी तुमने चाही थी, फिर से शुरू करो, नए सिरे से।
लो पकड़ो मेरा हाथ, बटोर लो इन हाथों से गुच्छे-गुच्छे सुख!
मुझे अपने सीने से लगा लो, मुझे छुए रहो, बस, जाओ मत!
मैं तुम्हें प्यार करूँगा, मत जाओ,

ढेर-ढेर प्यार करूँगा, मत जाओ,
अब तुम्हें कभी तकलीफ नहीं दूँगा, मत जाओ,
कभी नहीं करूँगा, पलकों की ओट, तुम मत जाओ।
बस, तुम उठो और चली आओ, जहाँ उन लोगों ने तुम्हें लिटाया था,
वहाँ लेटी मत रहो।
तुम आओ, मैं इन्तज़ार में हूँ, तुम आ जाओ,
तुम पर डाली गई मिट्टी हटाकर, तुम उठ आओ।
एक बार उठ आओ, बस, एक बार!
अब मैं किसी दिन, कहीं भी, तुम्हें अकेले-अकेले नहीं जाने दूँगा।
मैं वादा करता हूँ, कभी नहीं जाने दूँगा,
तुम आ जाओ,
कहा न, मैं तुम्हें प्यार करूँगा।
तुम, बस, आ जाओ।

तू कहाँ है, शेफाली?

तुझे देखने का बड़ा मन कर रहा है, तू कहाँ है?
तुझे छूने का बड़ा मन हो रहा है, तू कहाँ है?
तुझसे ढेर-ढेर बातें करने का मन हो रहा है,
देर-देर तक बातें! दिन भर बातें! रात भर बातें ही बातें,
मेरा बहुत कुछ जानने का मन हो रहा है, शेफाली!
थोड़ा-थोड़ा करके, मेरे बिल्कुल करीब बैठकर, आँखों में झाँकते हुए,
न झाँकते हुए,
हँसकर, बिना हँसे; बालों में उँगलियाँ फिराते हुए, बिना फिराए,
तुझे बतानी है वे तमाम बातें, जो सब बताने का तेरा वादा था।
मुझे भी तो वे सारी बातें सुनना थीं, शेफाली!
तू कहाँ है, शेफाली?
अब तू जहाँ है, वहाँ अब क्या दोनों जून तुझे खाना देते हैं?
तुझे कपड़े-लत्ते देते हैं? रुपये-पैसे देते हैं?
या तुझे कपड़े धोने को भेजकर, पानी की मशीन चलाने को कहते हैं?
ताकि तू जल मरे! ताकि तू खाक़ हो जाए!
ताकि वे लोग खड़े-खड़े तेरा आर्त्तनाद सुनें,
ताकि उन्हें हाथ न बढ़ाना पड़े, तुझे बचाना न पड़े!
ताकि खड़े-खड़े वे लोग तुझे दम तोड़ते हुए देखते रहें।

सुन, तेरे कुछ गोपन सपने थे,
तूने कहा था, तू अपने सपने मुझे बताएगी
तेरा एक घर का सपना था, अपने घर का!
दुनिया में आने के बाद, तूने अपना घर तो कभी देखा ही नहीं,
वही सपना, ख़ुद अपने जीवन की स्वामिनी होने का सपना

बेहद लुका-छिपा सपना!
सुन, तुझे देखने का मेरा बड़ा मन हो रहा है।
मेरे पास बैठकर, मुझे छूकर या बिना छुए, रोकर या रोए बिना,
तू वे तमाम-तमाम सर्वनाशी सपने, बेहया-बेशर्म लहजे में बताएगी,
दिन भर बताती रहेगी।

चारों तरफ़, कहीं भी तू है क्यों नहीं?
यूँ खाली-खूली लौट-लौट आते हैं मेरे हाथ!
मुझे तुझको पाने दे, शेफाली, मुझे पाने दे,
मुझे वापस मत लौटा!

लौट आओ...

किसी दिन लौट आओ, किसी भी दिन, जिस दिन भी तुम चाहो!
मैंने कोई दिन तय नहीं किया, कोई वक्त भी नहीं दिया,
बस, तुम लौट आओ, किसी भी वक्त!
तुम्हारे न लौटने पर, सारा-सारा दिन मैं कैसे गुज़ारती हूँ,
क्या-क्या करतूतें करती-फिरती हूँ,
कहाँ-कहाँ गयी, क्या-क्या देखा,
क्या-क्या अच्छा लगा, क्या नहीं—यह सब मैं आखिर किसे बताऊँ?
तुम्हारे लौटने पर, तुम्हें बताऊँगी, इसलिए सारी बातें सहेज रखती हूँ,
आँखों की पोखर सींच-सींचकर खाली करती हूँ, मानों तुम लौट आये हो!
मानो, इस दुनिया-जहान में दुःख नाम का कुछ भी नहीं है।
तुम लौटोगे, इसलिए ज़िन्दा हूँ!
ज़िन्दा रहकर, जहाँ, जो भी होता है सुन्दर, देख रखती हूँ,
ताकि जब तुम लौट आओ, मैं तुम्हें भी दिखा सकूँ!
अब तुम लौट आओ, चाहे किसी भी दिन!
भले दिन-दुपहरिया को या आधी रात को—
तुम्हारे लौट आने से बढ़कर, दुनिया में कहीं, कुछ भी नहीं सुन्दर!
विश्व-ब्रह्माण्ड के तमाम सुख भी अगर जमा किए जाएँ,
तुम्हारे लौट आने जितना सुन्दर नहीं होगा।
लौट आओ, जब चाहो, तब!
अगर लौटने का मन न भी करे,
फिर भी कभी लौट आना, न हो मेरे लिए ही सही, लौट आना!
मैं चाहती हूँ, इसलिए लौट आओ,
मैं बड़ी शिद्दत से चाहती हूँ, इसलिए लौट आओ।
जब कभी मैंने कुछ चाहा है, तुम बिना दिए नहीं रहे!
तुमने कभी 'ना' नहीं किया।

यार

सुनते हो

मैं तुमुल प्यार में पड़ गयी हूँ,
सुनते हो? सुना तुमने?
ऐसे घोर-प्यार में, मैं अर्से से नहीं पड़ी।
इस तरह मुझे किसी ने भी इतने अर्से तक आच्छन्न नहीं किया।
इस तरह मेरे तमाम दिनों के हाथ-पाँव, रात के गर्भ में नहीं जा समाए।
इस तरह रातों ने छटपटाते हुए जान नहीं दी।
गहरी नींद से खींचकर, तुमने मुझे उठाकर बिठा दिया—
        ऐसा भला कहीं होता है?
मैं हाथ बढ़ाऊँ और उसी वक्त तुम्हें न पाऊँ, कई-कई रात तुम न मिलो,
मैं सोऊँगी नहीं, बूँद भर भी नहीं सोऊँगी,
मैं कहीं नहीं जाऊँगी, कुछ भी नहीं सुनूँगी, किसी से कुछ नहीं कहूँगी,
न नहाऊँगी, न खाऊँगी।
सिर्फ तुम्हें सोचूँगी! सोचते-सोचते भले कुछ भी करूँ,
वह सब ठीकठाक नहीं होता—
सोचते-सोचते मैं किताब खोल लेती हूँ, लेकिन पढ़ा नहीं जाता,
किताबों के अक्षरों पर नज़रें तो टहलेंगी, पढ़ा नहीं जाएगा।
सोचते-सोचते मैं सेंट्रल स्क्वायर की तरफ चल पड़ती हूँ,
        चल तो रही हूँ, मगर चला नहीं जाता।
दो घण्टे पहले, पार कर आई स्क्वायर,
        लेकिन, अब भी चलती चली जा रही हूँ,
मुझे कोई सुध नहीं, मैं क्या-क्या पार कर आई, कहाँ पहुँची हूँ,
इसे चलना नहीं कहते, कहीं जाना भी नहीं कहते,
यह तो कुछ और है; इसे तो तुमुल प्यार में पड़ना कहते हैं

कुछ करो! कुछ तो करो! मुझे स्पर्श करो, मुझे चूम लो,
सिर्फ होठ ही नहीं, समूचा अंग-प्रत्यंग चूम लो,
तुमुल चुम्बनों से भर दो,
ऐसे मत बैठे रहो, इतनी दूर-दूर! उड़कर आ जाओ।
उड़कर आओ और मुझे प्यार करो।
मेरे युगल होठ मारे ठण्ड के पथरा गये हैं,
लाओ, दो, मुझे थोड़ी-सी गर्माहट!
तुम तो आग हो! मेरी अमल आग! आओ, तुम्हें तपा दूँ!
तुम्हें तपाने दो मुझे!

सुनते हो,
तुम भी तुमुल प्यार में पड़ो ना, जी!

दुःख

दुःख जब मुझे किसी अँधेरे गह्वर की तरफ खींचे लिए जाता है,
उस वक्त मेरी देह चाहती है, कोई और देह,
भले कोई भी देह, चाहे जैसे भी हो।
दुःख की दीर्घ छाया ढँकने लगती है मेरा मन,
और शरीर-सुख पाने को अकुला उठता है।
पागल होकर चाहता है प्यार,
माँगने लगता है किसी के प्यार का पागलपन!
दुःख हरगिज नहीं चाहता।

रातें

एक दिन, काफी रात गए तुमने फोन किया,
नींद से जागकर, फ़ोन उठाते-उठाते, ज़रा वक्त लग गया,
        इश्श्! ज़रा-सी और देर हो जाती, तो फ़ोन रख ही देते।
बस, तभी से मैं सोयी नहीं, किसी भी रात,
अगर कहीं तुम फिर फ़ोन करो?
अगर कहीं तुम्हारा बात करने का मन करे?
मन ही मन, मैं रटती रहती हूँ ढेर-ढेर बातें, तुम्हें बताने के लिए!
अगर कहीं, किसी दिन बातें सुनने का तुम्हारा मन करे?

मैं दिन में भी मैं नहीं सोती! दिन में तो अचानक-अचानक
        फ़ोन करते ही हो तुम!
लेकिन दिन में भी मैं तुम्हें नही बताती कि रात-रात मैं जागती रहती हूँ,
वैसे सारी बातें जानने की तुम्हें ज़रूरत भी नहीं!
कुछ बातें मैं अकेले ही जानूँ, तो बेहतर!

कहीं तुम दुबारा फ़ोन करो, फ़ोन बजता रहे और उठाते-उठाते ही,
        उस तरफ़ तुम फ़ोन रख दो,
हालाँकि तुमने सिर्फ़ एक ही बार फ़ोन किया था!
उस रात के बाद, फिर कभी नहीं किया, लेकिन अचानक कभी कर ही लो,
        किसी रात...
अस्तु मैं सोती नहीं! फ़ोन हाथ के करीब रखकर, जगी रहती हूँ।
वैसे मेरा बहोत मन होता है, तुम्हें फ़ोन करूँ,
        जो-जो कहने का मन हो, कहूँ,
लेकिन मैं फ़ोन नहीं करती, कुछ नहीं कहती,

कहीं तुम दुबारा न कह बैठो, प्रेम में पड़कर मेरा दिमाग़ चल गया है।
मुझे सही-ग़लत का होश नहीं है।

मैं प्रेम में भी पड़ूं, दिमाग़ भी ठीक रहे–
        यह राग-रंग तुम्हें बख़ूबी आता है।
लेकिन मेरा दिमाग़ सच ही चल गया है,
तुम्हारे सामने मैं बिल्कुल जाहिर नहीं होने देती।
बेहतर है, तुम यही सोच-सोचकर बिखरा-बिखरा सुख पाओ–
        कि मैं प्यार में पड़ी हूँ।
जैसे आजकल की धूर्त-चालू औरतें, जिस क़िस्म के प्यार में पड़ जाती हैं,
चलो, तुम यही सोचकर राहत महसूस करो
        कि तुम अगर मुझे छोड़कर चले भी जाओ,
मुझे कोई ख़ास फर्क़ नहीं पड़ेगा।

तुम्हारा क्या

कहा था तुमने, मैं जीन्स पहनकर न सोया करूँ
लेकिन, मैं जीन्स पहनकर ही सोती हूँ,
जानबूझकर मैं जीन्स नहीं उतारती।
क्यों उतारूँ?
मेरी त्वचा में अगर कोई रोग होता है, तो वह मुझे होगा ना?
तुम्हारा क्या?

अब तो तुम मुझे प्यार भी नहीं करते,
        जो मेरा कुछ बुरा हो, तो तुम्हें तकलीफ हो!
रोग मुझे होगा न! होने दो।

अभिशाप

प्यार मुझे तोड़-ताड़कर टुकड़े-टुकड़े किए दे रहा है
अब मैं, मैं नहीं रही, अब मुझे ही नहीं रही, अपनी पहचान!
न मुझे अपनी देह की पहचान रही, न मन की;
न अपने चलने-फिरने की, न अपनी दृष्टि की!
जाने कैसी तो अजीब हुई जा रही हूँ मैं!
दोस्तों की महफ़िल में जब हँसना चाहिए, मैं नहीं हँसती,
जब दुःख जाहिर करना चाहिए, मैं नहीं करती।
मन को किसी शर्त पर भी, प्रेम से हटाकर, कहीं और,
पल भर के लिए थिर नहीं रख पाती।
घिरता आ रहा है अन्धकार समूची दुनिया में,
अब न तो चाँद-सूरज तय है, न रात-दिन ठीकठाक,
मेरी ज़िन्दगी गयी, दिनचर्या गयी,
मेरा तो सबकुछ गया, हो गया नष्ट-विनष्ट!

अब अगर किसी दुश्मन को भी देना होता है अभिशाप,
मैं यह नहीं कहती–तुझे कोढ़ हो जाए, तू जहन्नुम में जा, तू मर जा!
अब तो छूटते ही, बड़े आराम से अभिशाप देती हूँ–
जा तुझे प्यार हो जाए।

आँखें

सिर्फ चुम्बन! चुम्बन! चुम्बन!
इतना-इतना चुम्बन क्यों चाहते हो?
प्यार होते ही शायद चुम्बन लेना ज़रूरी है!
चुम्बन लिये बिना क्या प्यार नहीं होता?
शरीर स्पर्श किए बिना, क्या नहीं होता प्यार?

आओ, आमने-सामने बैठें!
चलो, बैठें रहे चुपचाप!
चलो, बिना कोई बात किए,
चलो, बिना कोई आवाज़ किए,
चलो, सिर्फ़ आँखों में झाँकें
और देखो, प्यार होता है या नहीं?
आँखें जितनी बातें कर सकती हैं,
जुबान क्या उसकी हल्की-सी भी बराबरी कर सकती है?
आँखें जानती हैं जितना प्यार,
उतना क्या देह का अंग-अंग कर सकता है इज़हार?

मुझे प्यार दो...

मुझे और-और प्यार दो! इत्ते-से प्यार से मेरा नहीं चलता,
मुझसे रहा नहीं जाता।
और प्यार दो, और-और! ज़्यादा-ज़्यादा प्यार दो,
इतना कि मैं समो न सकूँ! आँखें निहाल हो उठें,
दिल का कोना-कोना भर उठे,
भर उठे अंग-अंग, पोर-पोर,
प्यार देते-देते मुझे अन्धी कर दो,
बहरी कर दो।
मैं सिर्फ़ और सिर्फ़ तुम्हें ही देखूँ!
मुझे देखना न पड़े, कोई नफ़रत, कोई रक्तपात!
मैं सिर्फ़ आकाश-पार से आते हुए तुम्हारे शुभ्र शब्द ही सुनूँ,
मेरे कानों तक न पहुँचे किसी बमबाज़ विमानों की कर्कशता!
आर्तनाद! चीत्कार!
अर्से से बीमारी और मृत्यु के चर्चे सुनते-सुनते,
मैं थक चुकी हूँ।
करो, मेरा सेवा-जतन करो, नहला दो अपने शुद्ध-पवित्र जल में!

प्यार अगर नहीं भी करते, तो भी मत कहो, तुम नहीं करते प्यार!
झूठमूठ ही सही, कहते रहो, तुम करते हो प्यार!
झूठमूठ ही सही, देते रहो प्यार!
मुझे सच-सच ही होगा अहसास कि तुम देते हो प्यार!
मैं काँटों को भी हाथों में ले लूँगी, मानकर गुलाब!
मुझे तो यह भी नहीं होगा आभास
कि काँटों से कट-छिल जाएँगी उँगलियाँ!

काँटे सोख लेंगे उँगलियों के रक्त, मुझे यही लगेगा, तुम मुझे चूम रहे हो।

देते रहना प्यार! जितना प्यार तुम्हारे जीवन भर का संचय है!
दे डालो मुझे ही सारा का सारा प्यार!
कुछ भी छिपाकर मत रखो! कुछ भी...!
कम-कम प्यार से मेरा नहीं चलता, इत्ते-उत्ते प्यार में मेरा मन ही नहीं जमता।
मुझे उत्ताल सागर जितना प्यार चाहिए,
कभी ख़त्म न होनेवाला प्यार चाहिए।
कलंकित किशोरी जैसा प्यार चाहिए
काण्ड-ज्ञानहीन जितना प्यार चाहिए

तुम मुझे पागल कहोगे न? कहो!

लेटे-लेटे

आओ मेरे साथ लेटो।
लो, तुम्हारी जाँघों पर मैं अपना सिर टिकाती हूँ,
यूँ टेढ़े-मेढ़े लेटे हुए, मेरी कमर के घुमाव पर, अपनी बाँह रखो।
इस तरह, भाई-बहन की तरह, बहन-बहन की तरह,
चिड़िया-चुनमुन की तरह, तोता-मैना की तरह,
सागर-पक्षी के जोड़े की तरह, चलो, लेटे रहें।

लेटे-लेटे,
जाने कब छुटपन में, भरी-दुपहरिया में,
किसी पोखर में तैरते देखा था हंसों का जोड़ा;
राह-भूले किसी कुकुआते शिशु-हंस को उठाकर,
पहुँचाया था, माँ हंसिनी की गोद में;
पाँच साल की उम्र में, दौड़ते-दौड़ते, अचानक छू लिया था सेम्हल का पेड़!
मेरा वह पहला सेम्हल-परस!
तितलियों के पीछे दौड़ते-दौड़ते, अचानक ठिठक गयी थी,
        किसी पहाड़ के सामने!
        वह मेरा पहला पहाड़...

लेटे-लेटे,
उन सबके बारे में, बोले-बतियाएँगे।
हम एक-दूसरे को सुनाएँ किशोर उम्र के किस्से,
जवानी के किस्से!
हाँ, बुढ़ापे का ज़िक्र हम नहीं छेड़ेंगे।
बुढ़ापे के बारे में,

हम गाढ़ा-गहरा चुम्बन लेते हुए
एक-दूसरे को पोर-पोर स्पर्श करते हुए,
अनावृत्त होते-होते,
प्यार करते-करते
एक-दूसरे से कहें-सुनेंगे।

यूँ तोड़-मरोड़कर, कभी किसी ने नहीं किया प्यार...

यह सब मुझे क्या हो रहा है!
जैसे इस दुनिया में तुम्हारे सिवा और कोई इन्सान नहीं बसता,
कोई कवि भी नहीं, कोई मर्द भी नहीं,
न कोई प्रेमी, न कोई हृदय!
मेरा क्या मन लगता है, घर-गृहस्थी के कामों में?
एकाग्र हो पाती हूँ लिखाई-पढ़ाई में?
मुझमें क्या जागती है चाह कि हज़ारहा बाकी कामों पर नज़र डालूँ?
सभा-समितियों में जाऊँ?
वह सब बहुत हुआ, अब कुछ और किया जाए!
किसी और काम में मन लगाऊँ, करूँ और कुछ, जो मुझको दे अमल आनन्द!
असल में इस मन को लेकर ही झमेला है;
मन कहीं टिक गया, तो टिका रहा!
मन को कहीं और, वसन्त के रंगों की तरह छितरा दूँ, ऐसा नहीं होता।

कल रात तुमने मुझे गहरी नींद से जगाया, प्यार भरी बातें कीं,
मुझे लगा, मैं सपना देख रही हूँ,
हाँ, सपना ही तो था! एक क़िस्म का सपना!
पहले मुझसे किसी ने नहीं की प्यार की ऐसी बातें!
नींद में बेसुध लड़की को जगाकर, यूँ चूमना नहीं चाहा,
ऐसी अचरजभरी, ख़ूबसूरत शब्दावली मेरे कानों में किसी ने नहीं उँड़ेली।
इतना-इतना प्यार किसी ने नहीं दिया।
ऐसा तोड़-मरोड़ देने वाला प्यार किसी ने नहीं किया।

तुम इतना प्यार करने वाले प्रेमी कैसे बन गए?
कैसे इतने बड़े प्रेमी बने? प्यार के इतने जानकार तुम कैसे हो गए?
किसने सिखाया?
जैसा प्यार पाने के लिए मैंने ज़िन्दगी भर इन्तज़ार किया, सपना देखा,
मगर नहीं मिला।
अब इस उम्र तक पहुँचकर, जब सैकड़ों रोग-कीट खा रहे हैं, मेरा अंग-अंग,
जब खड़ी हूँ मौत के कगार पर! जब आखिरी साँसों में हूँ—
तब अचानक गुच्छे-गुच्छे प्रेम, भर दे इस घर को, इस मन को;
तो सारा कुछ सपना ही तो लगेगा न? सपना ही लगता है।
बहुत बार तुम मुझे खून-मांस के इन्सान नहीं लगते!
मन के आँगन में अचानक हहरा उठती है आँधी,
मानो ढेर-ढेर दिनों का प्रत्याशित, ढेर-ढेर दिनों का देखा हुआ सपना,
अचानक सामने आ खड़ा हुआ!
पहले ऐसा अहसास मुझे कभी नहीं हुआ,
नींद से यूँ अचानक जागना, दरअसल मुझे बेहद प्रिय है।
पहले ऐसा अहसास मुझे कभी नहीं हुआ कि चन्द गुनगुनी बातें,
मेरे ठण्डेपन को बिल्कुल पहाड़ के शिखर पर पहुँचा देंगी।
मैंने पहले कभी नहीं जाना कि चन्द मोहक शब्दों का बदन चूमते हुए,
मैं रात को भोर कर सकती हूँ।

अकाज

फ़ोन बहुत बार बजा, किसी ने नहीं उठाया,
बात करने का मन था, किसी ने बात नहीं की।
समूचे दिन, कोई ख़त-वत भी नहीं, किसी ने कुछ भी नहीं लिखा।

किसी ने नहीं सोचा,
याद भी नहीं किया
किसी ने नहीं जगाया
किसी ने प्यार नहीं किया
मुमकिन है, अब फ़ोन करना, बातें करना, ख़त लिखना--
किसी को बड़ा अकाज लगता हो, कौन जाने!
इन्सान धीरे-धीरे भूल जाता है! भूल ही तो जाता है,
मुमकिन है, कोई भूलने लगा हो।
लेकिन मुझे यह सब कभी भी अकाज नहीं लगेगा।
सभी लोग भले भूल जाएँ, मैं नहीं भूलूँगी।
चलो, भले और कोई प्यार न करे, निभृत में, मैं ही प्यार कर लूँगी।
इस दुनिया को, दुनिया में बसे दिलवाले लोगों को प्यार करते हुए,
किसी और को नहीं, मैं अपने को ही धन्य करती हूँ।
ज़िन्दगी में इससे बढ़कर, और कोई काम भला क्या हो सकता है?

मैं दूर हूँ, बहोत दूर, कहीं भी, किसी भी जगह,
अभी भी लेती हूँ साँस!
निर्जन परिवेश में, अपनी ही साँसों की आवाज़,
अचानक-अचानक मुझे चौंका जाती है।
मैंने अपने सपने, नेपथलिन में मोड़कर, बड़े जतन से रख छोड़े हैं!

जाऊँगी—कलकत्ता,
अब फिर जाऊँगी,
होगी भेंट-मुलाक़ात, अपने प्रिय लोगों से
हाथों में हाथ डाले, होगी चहलक़दमी,
किसी-किसी रात, रात के कलकत्ते को,
नींद से जगाकर, हम फ़रार हो जाएँगे
रात भर अकाज करते-करते,
भोर फूटते ही दुबारा अकाज में डूब जाएँगे।
क्यों, राजी हो?

सिहरन

सिहरन–14

उम्र जितनी बढ़ती है, छीजन भी साथ में
पहले छुओ देह, प्यार की बातें बाद में

सिहरन–15

आजकल तैरने नहीं आते, जनाब! कामकाज में व्यस्त हो शायद?
एइ नौजवान, तुम किसे दे रहे फाँकी?
मेरे भाटे के दिन तो गए, सिर्फ ज्वार है बाकी!

सिहरन–16

चालीस में पहुँचकर, क्षय रोग में घिरी, आज मरी या कल मरी,
यह देह तो भयंकरी!
पता नहीं, किन-किन चीज़ों से रची-गढ़ी गई,
प्रेमी मिलते ही देखूँ, अभी मैं कुल सोलह में पड़ी।

सिहरन–17

देह का यह हाल, देह का ग्रीष्मकाल!
नहाने का पानी है? ओ नौजवान, पानी है न?
तुम अकेले के पानी से अगर बनी नहीं बात,
नौजवानों का दल तो करीब है न?

सिहरन–18

देह चाहती है क्या सिर्फ़ रात को ही वज्रपात?
    चीर-फाड़वाली आँधी-तूफान बेहिसाब?
सारे दिन देखूँ पानी उफनाया हुआ,
    सारे दिन देखूँ अली-गली में सैलाब!

सिहरन–19

मैं नहीं रही उतनी जवान, जितनी पहले थी
लेकिन उतनी बूढ़ी भी नहीं, जितनी मैं होऊँगी।

तुम्हारे स्पर्श से अगर यह देह जागे,
तुम चाहे जो हो या सो हो, नहीं कोई दुविधा, सोऊँगी।

सिहरन–20

मेरे मन की उम्र अभी भी सोलह के द्वार
देह ने किया, पिछले दिनों, बीस पार
इस बयालीस की उम्र ने कहा–
अभी तक तुम्हें पीस रहा, इश्क का जहरीला बुखार

सिहरन–21

इतना उलट-पलट मचाकर, बेभाव तहस-नहस करके,
देह का सारा मधु तुम जैसी मधुमक्खी ने सोख लिया, क्या बताऊँ?
बची-खुची जितनी हूँ, उसे भी सपोड़कर, मुझे निःशेष करो,
    मैं बच जाऊँ!

निःस्व

बिना शर्त सौंप दिया, अपना समूचा तन
अब, जो चाहे, सो करो!
मचान पर उठा रखो या मसाले में पीसकर निगल डालो!
इसमें भला मेरा क्या आता-जाता है?
अब कुछ भी मेरा कहाँ है?
उस दिन से मेरा कुछ भी नहीं मेरा,
जिस दिन से यह मन हो गया तेरा
सारा कुछ तेरे हवाले करके, मैं पड़ी हूँ निःस्व, बेजान!
अब मैं हूँ तेरी मुट्ठी में
अब तेरे मन की धूल-मिट्टी में!
पहले तन-बदन में ज़ोर था, अब नहीं रहा।
अब सब कुछ तेरा है! तू है प्रतिष्ठित प्रभु!

देह को कष्ट दिया, तो मुझे क्यों तकलीफ होने लगी?
यह तो अब तेरी ही देह है!
मन को भी अगर तबाह कर डाले, चीर-फाड़कर कुत्तों को खिला दे,
मेरा कोई नुकसान नहीं होना है।
अब यह मन लेकर भी, मैं कहाँ जाऊँगी?
उस मन को धो-धोकर क्या पानी पीऊँगी?
वह मन क्या अब मुझे चीन्हता है? मुझे प्यार करता है?
वह तो अब सिर्फ़ तुझे ही प्यार करता है!
सिर्फ़ तुझे, ओ जादूगर!

चूँकि तुम हो...

मैंने गौर किया है, मैं तुम्हारे माथे की झुर्रियों को भी प्यार करती हूँ!
प्यार करती हूँ, क्योंकि वे झुर्रियाँ तुम्हारी हैं।
तुम्हारे गाल पर उभरे, कटे-फटे दाग़ को भी! क्योंकि वह दाग़ तुम्हारा है।
मेरी तरफ उछाल दी गई तुम्हारी विरक्त निगाहों को भी प्यार करती हूँ मैं!
        क्योंकि वे निगाहें तुम्हारी हैं।
तुम्हारी उस ऊबड़खाबड़, ढीलमढाल ज़िन्दगी को भी अपलक
        निहारती रहती हूँ,
        क्योंकि वह ज़िन्दगी तुम्हारी है।

तुम्हें देखते ही मैं हहरकर दौड़ पड़ती हूँ तुम्हारे पास, आग की तरह!
        क्योंकि यह तुम हो!
बढ़ा देती हूँ अपने हाथ, क्योंकि यह तुम ही तो हो,
हाथ बढ़ाए रखती हूँ! वह हाथ तुम छूते भी नहीं, फिर भी
        बढ़ाए रखती हूँ,
इसलिए यह तुम हो! तुम ही हो!

अगर प्यार करते ही हो...

अगर तुम मुझे प्यार करते ही हो, सच ही प्यार करते हो,
तो कहते क्यों नहीं कि तुम करते हो प्यार?
सबको बता क्यों नहीं देते कि तुम प्यार करते हो?
तुम्हारा जितना दुस्साहस है, सिर्फ मेरे कानों तक ही है?

अगर तुम प्यार करते हो, तो जुही के फूलों को यह क्यों नहीं पता,
कि तुम्हें प्यार है?
उन फूलों की तरफ़ निगाहें गड़ाए रही इतनी-इतनी देर,
लेकिन उन फूलों ने मुझसे एक बार भी नहीं कहा कि
तुम मुझे प्यार करते हो?
तुम्हारा यह कैसा प्यार है, जी? सिर्फ मेरे ही आगे नाचते हो।
ऐसे तो दरवाज़ा बन्द करके गुपचुप, तुम किसी के भी आगे नाच सकते हो।
अब तुम जितना भी कहो, मुझे विश्वास नहीं होगा।
पहले मुझे बताएँ, ये पंछी, पेड़, पेड़ की पत्ती-पत्ती, फूल!
पहले आकाश कहें, बादल-बरखा कहें, धूप और चाँदनी कहें, नक्षत्र कहें;
अड़ोसी-पड़ोसी करें बात, हाट-बाज़ारों के लोग चर्चा करें;
पोखर-घाट गवाही दें, पोखर का जल आवाज़ लगाकर कहे—
तुम मुझे प्यार करते हो!
सुनते-सुनते जब मेरी प्यास बर्दाश्त-बाहर हो जाएगी,
तब तुम्हें उस चौराहे पर बाँहों में लेकर, सैकड़ों लोगों को दिखा-दिखाकर,
मैं तुम्हें चूम लूँगी।
अब जो होना हो, हो!

प्यार क्या छिपाने की चीज़ है?

दिखा-दिखाकर, सुना-सुनाकर ही तो प्यार किया जाता है।
सुनो, प्यार की शान में हम धूमधाम से जश्न मनाएँगे,
ता-धिन्ना नाचेंगे-नचाएँगे।
खुशख़बरी क्या हम चारों तरफ ढोल पीट-पीटकर नहीं देते?
जिस दिन कहेंगे ये जुही फूल कि तुम मुझे प्यार करते हो,
सिर्फ तभी मैं तुमसे कहूँगी कि मैं भी तुमसे करती हूँ प्यार!
इससे पहले, हरगिज नहीं! रत्ती भर भी नहीं।

रातें

बिस्तर पर अकेले-अकेले गुज़रती जाती हैं, जाने कितनी-कितनी रातें।
रात सोते या जागते-जागते अकेले-अकेले,
स्वप्न या स्वप्नहीनता में अकेले,
एकाकीपन में अकेले-अकेले,
तीखी प्यास में, तृष्णा में,
बिस्तर की एक छोर पर मैं, बाकी बिस्तर खाली,
        बेअदब तरीके से खाली,
ऐसे में उसे पाने की चाह जागती है, अपने बाएँ, अपने दाएँ,
        अपने ऊपर, अपने नीचे!

मन-ही-मन मैं किसी को लाकर, अपने बिस्तर पर लिटा लेती हूँ,
वह मुझे चूमता है, बालों से लेकर पाँवों के नाखून तक भिगो डालता है,
वह मुझे अनावृत्त करता है, प्यार करता है,
रात-रात भर प्यार करता है,
समूची रात आकाश में उड़ता फिरता है, पतंगें उड़ाता है,
सारी-सारी रात मैं चरम सुख में ऊब-डूब करती हूँ,
ऐसे गुज़रती है मेरी रात, मन ही मन कटती है मनलायक रात!

दिनोंदिन ख़त्म होती जाती हैं रातें! बुझती जाती हैं रातें,
मुमकिन है, वह मुझे मिल जाए, किसी दिन वह मिल ही जाए,
        सिर्फ नहीं मिलेंगी ये रातें!

बचाव

तुम बचना चाहते हो मेरी प्यास से
भागने लगते हो, ताकि मैं तुम्हें छू न सकूँ,
तुम दौड़ते जाते हो और कहते जाते हो, तुम कोई दुधमुँहा शिशु नहीं हो,
किशोर भी नहीं, युवक भी नहीं, अब तुम काफी उम्रदार हो,
अब तुम बूढ़े हो चुके हो, देहयष्टि की ताकत कम हो गयी है,
तुम कतई नहीं चाहते कि प्यार तुम्हारे दिल पर हथौड़े बरसाये,
　　तुम्हारी नींद हराम करे, तुम्हारी देह को छटपटाहट दे।
तुम प्यार के खुराफ़ातों से बचना चाहते हो,
सोचते हो, तुम्हारी उम्र देखकर, मैं मुँह फेरकर चल दूँगी,
　　मन समेट लूँगी।
तुम्हारा ख़्याल है, उम्र तुम्हें बचा लेगा।

तुमने यह कैसे सोच लिया, उम्र तुम्हें प्यार करने से बचा लेगी?
उम्र तुम्हें मेरे प्यार से रिहाई नहीं दे सकती,
बल्कि प्यार ही तुम्हें उम्र से बचा लेगा।

आओ, यहाँ, शरीफ बच्चे की तरह मेरे करीब आ जाओ,
　　लो, मेरा प्यार लो।

कहीं कोई...

कहीं न कहीं बैठे-बैठे, तुम मुझे सोच रहे हो!
मुझे देखने का ख़ूब-ख़ूब मन हो रहा है तुम्हारा!
मन-ही-मन तुम मुझे निहारते हो, बोलते-बतियाते हो,
मेरे साथ-साथ चलते हो, थामे रहते हो हथेली,
हँसते-खिलखिलाते हो!
जब भी मुझे यह ख़्याल आता है, इतनी अकेली हूँ मैं,
        फिर भी मुझे अकेलापन नहीं सताता!
समूची घास पहले से ज़्यादा हरी-भरी लगती है,
गुलाब और सुर्ख़ हो आते हैं,
सीलनभरे दिन भी झिलमिला उठते हैं,
यह फ़िक्र, मुझे बेफ़िक्र कर देती है,
निकष काले दिन एकदम से रौशन हो उठते हैं,
और जब मैं ऊपर-ऊपर से दिखाती हूँ कि मेरे पैरों तले
        खूब सारी ज़मीन है!
दरअसल, नहीं होती ज़मीन, मेरे पैरों तले!
दरअसल, गुम होती जाती है, मेरे पैरों तले की ज़मीन।
        तब यह ख़्याल मुझे ज़मीन देता है!
जब-जब लगता है किसी भीषण तूफानी झंझा में
        औंधे मुँह उल्टी जा रही हूँ,
मानो सैकड़ों शकुन मेरी तरफ झपटते आ रहे हैं,
बेहद हिंस्र लोग, मुझे नोंच खाने के लिए—
असहाय 'मैं' को यह ख़्याल सुरक्षा देता है।

मेरी तरफ कोई मुड़कर भी नहीं देखता,

मुझे कोई स्पर्श भी नहीं करता,
कोई प्यार भी नहीं करता—
यह सब तुम्हारी वजह से! इसलिए कि कहीं न कहीं तुम हो!
    कहीं मौजूद हो! मौजूद हो तुम!
जिस दिन भी मैं चाहूँ, मैं तुम्हें पा सकती हूँ!
सिर्फ यही ख़्याल, मुझे तुमसे दूर रख पाता है,
मुझे ज़िन्दा रखे हुए है!

तुम्हारे लिए...

मैं नींद से जाग उठी हूँ, तुम्हारे लिए ही उठी हूँ।
काफी देर से लेटी हूँ बिस्तर पर, तुम्हारे ही लिए,
मन-ही-मन मैं, तुम होकर अपने को निहारती हूँ
मुझे यूँ लेटी हुई देखना, तुम्हें पसन्द है शायद!
लेटे-लेटे मैं तुम्हें सोचती हूँ, तुम्हें अपने क़रीब पाने की चाह जागती है।
मैं जो सोचती हूँ, जो चाहती हूँ, तुम्हें पसन्द है शायद!
अच्छा, उठो, मैं चाय लाती हूँ।
मुझे चाय की चुस्कियाँ लेते हुए देखना, तुम्हें शायद अच्छा लगता है,
इसलिए चुस्कियाँ लेती हूँ।
मैं नहाती हूँ, तुम्हारे लिए
तुम होकर, मैं अपने नंगे बदन को निहारती हूँ।
तुम्हारे मुताबिक, जो कपड़े मुझ पर अच्छे लगते हैं, पहनती हूँ।
मेरे होंठ गुनगुनाते हैं वही गीत, जो गीत सुनकर, तुम विह्वल हो उठते हो।
हँसती हूँ, जिस अदा से हँसने पर, तुम हँस पड़ते हो।
दिन के तमाम कामकाज हर दिन अधूरे ही रह जाते हैं
कहीं मन ही नहीं टिकता।
दिन को धकियाकर, जल्दी-जल्दी भेजती रहती हूँ, रात की तरफ़!
रात यूँ गुज़ारती हूँ, मानों वह रात न हो!
काठ की भयंकर पुलिया, मैं दौड़कर पार करती हूँ।
बमुश्किल पार करती हूँ समूचा दिन, बस, आधा-अधूरा गुज़ारते हुए!
सारा कुछ फलाँगकर, मैं उस वक्त तक पहुँच जाना चाहती हूँ,
जब तुम आओगे।
मैं जिन्दा हूँ तुम्हारे लिए!
इसलिए कि किसी दिन तुमसे ज़रूर भेंट होगी।

तुम जब नहीं होते, तब होते हो

जब तुम मेरे साथ नहीं होते,
तब तुम होते हो मेरे साथ, सबसे ज़्यादा।
मैं चलती हूँ, लगता है, तुम भी चल रहे हो संग-संग,
तुम्हें साथ लेकर जाती हूँ, बाज़ार,
ख़रीदती हूँ वही-वही चीज़ें, जो तुम्हें पसन्द हैं,
यह जानते हुए भी कि तुम नहीं हो साथ!
जब खाना पकाती हूँ, दरवाज़े पर मानो टेक लगाए खड़े हो,
मन ही मन करती हूँ संवाद!
खाने बैठती हूँ, सोचती हूँ, तुम भी बैठे हो साथ
जो कुछ भी देखती हूँ, बगल में खड़े-खड़े, तुम भी देख रहे होते हो।
सुनती हूँ, तुम भी सुनते हो,
बहस-मुबाहसों, गाने, गपशप में तुम्हें भी जोड़े रखती हूँ साथ!
दिन-दिन भर तुम मेरे साथ होते हो
जब तक जगी होती हूँ, तुम भी जागते हो,
नींद में, सपनों में भी तुम्हारा साथ,
तुम नहीं होते, फिर भी, हद दर्ज़े तुम होते हो मेरे साथ!

तुम जब सचमुच साथ होते हो, तब इतना ज़्यादा साथ नहीं होते।

समय

समय गुज़रता जा रहा है—यह फूहड़ नज़ारा देखने का मन नहीं होता।
इसलिए अर्से से मैंने घड़ी देखना छोड़ दिया है।
अर्सा हुआ, मैं कलाई पर घड़ी नहीं बाँधती।
लेकिन, जैसे ही तुमने कहा, सवा दस बजे तुम मिलोगे या डेढ़ बजे घर आओगे
या फिर सात बजे थियेटर चलना है,
बस, घड़ी खोजकर, झटाझट कलाई में बाँध लेती हूँ।
घर में मौजूद सारी घड़ियाँ, कमरे की मेज़ पर सजाती हूँ,
दीवारों पर टाँग देती हूँ।
बिल्कुल बच्चों की तरह!
मानो उस दिन की एक भी बेला, एक भी पल,
किसी दरार से खिसक न जाए,
मानो भूलकर भी वक्त के मामूली हेर-फेर से तुम्हें खो न दूँ?
खो न दूँ किसी भी दिन!

ज़िन्दगी का तीन हिस्सा कर चुकी पार, अब बचा है सिर्फ़ एक हिस्सा,
मुझे पता है, ज़िन्दगी भयंकर रूप से छोटी है,
बेहद बीभत्स ढंग से छोटी है,
मुझे पता है, ज़िन्दगी का हर पल बेहद बेशक़ीमती है,
इसलिए मैं चाहती हूँ, ज़िन्दगी का एक भी पल, बूँद भर भी
कहीं चुक न जाए,
और अब, अगर कभी, किसी रात, तुमसे मिलने की होती है बात,
उस समूचे दिन को ही मैं ज़िन्दगी से बुहारकर, निकाल फेंकना चाहती हूँ,
मैं चाहती हूँ, दिन भागकर एकदम से ओझल हो जाए,
चाहती हूँ, वक्त से पहले, वक्त गुज़र जाए,

चाहती हूँ, पल भर में रात हो जाए,
चाहती हूँ, तुम आ जाओ।
जाने कब तो तुम वक्त से भी ज़्यादा क़ीमती हो उठे।
वक्त के गुज़रने का अहसास ही नहीं रहा।
ज़िन्दगी में जो कुछ चुकता जा रहा है, यह बोध भी नहीं रहा।
मौत बेहद भयंकर चीज़ है, यह फिक्र भी रीत गया।
अस्तु, तुमने आकर, मेरा कौन-सा भला किया?

व्यक्तिगत मामला...

भूल गए हो, चलो, भूल जाओ!
यूँ तो कोई भी भूल सकता है,
तुमने ऐसा कोई असम्भव कारनामा नहीं किया।
अब लौटकर मत देखना मेरी ओर! मेरे खालीपन की ओर!
मैं भले जैसी भी हूँ, चाहे जैसे भी रहूँ, यह मेरी ज़िन्दगी है।
तुम मेरी ज़िन्दगी पर किसी दिन भी, तरस खाती निगाह मत डालना!
भूल गये हो, चलो, भूल जाओ।
बदले में, अगर मैं तुम्हें न भूलूँ, भूल न सकूँ,
यह मेरा व्यक्तिगत मामला है, तुम इस मामले से छेड़छाड़ मत करना।
आख़िर यह मेरी ज़िन्दगी है!
मैं किसके लिए बहाती हूँ आँसू, किसे गुपचुप प्यार करती हूँ,
यह जानने की कोशिश हरगिज मत करना।

भूल जाने के बाद, यही तो होता है; छोड़ जाने के बाद
        ऐसा ही तो होता है—
अपनी-अपनी ज़िन्दगी में, अपने-अपने व्यक्तिगत मामले भी,
        नितान्त निजी हो उठते हैं
तुम यह हक़ीक़त बख़ूबी जानते हो,
जानकर भी यह रट लगाये हो,
कि कभी-कभार मैं अपनी ख़ैरियत का हाल-समाचार तुम्हें देती रहूँ।

मैं किस हाल में हूँ, इससे तुम्हें क्या फ़र्क़ पड़ता है?
फर्ज़ करो, अगर ख़बर दूँ—मैं खैरियत से नहीं हूँ,
अगर सन्देशा भेजूँ, तुम्हें देखने का बेहद मन है,

अगर कहूँ, तुम्हें देखे बिना दिल उदास है,
तन-बदन बेचैन है,
तो तुम भागते हुए, मुझे प्यार करने तो नहीं आओगे न?
फिर हाल-समाचार देने से फ़ायदा?
क्या फ़ायदा यह बताने से कि आखिरकार,
मैं संन्यासिन हो गयी हूँ।

चिड़िया...

जमकर चट्टान हो गया है तुम्हारा मन,
लाओ, दो, वह चट्टान मुझे दो, मैं छू लूँ,
पिघलने दो उसे,
प्यार नामक चिड़िया को, अपने बन्द पिंजरे से उड़ने दो,
वर्ना वह दम तोड़ देगी।

व्यस्तता

तुम पर भरोसा किया था मैंने,
जो कुछ भी मेरा था, सौंप दिया था तुम्हें,
अपना सारा अर्जन-उपार्जन!
देखो न, अब कैसी भिखारिन की तरह बैठी रहती हूँ!
कोई भी मुड़कर नहीं देखता!
तुम्हें तो ख़ैर, पलटकर देखने की फुर्सत, भला कहाँ होगी?
कितने-कितने काम होते हैं तुम्हें!
आजकल तो व्यस्तता और ज़्यादा बढ़ गयी है!
उस दिन देखा, अपना समूचा प्यार,
जाने किसे तो देने में, तुम बेतरह व्यस्त थे!
वह सारा का सारा प्यार तुम्हें मैंने ही दिया था।

हिसाब-किताब

कितना-सा प्यार दिया,
कितने गुच्छे गुलाब दिए
कित्ता-सा समय, कित्ता-सा सागर दिया,
कितनी निद्राहीन रातें दीं
आँखों को कितने बूँद आँसू दिए—
जिस दिन बेहद भावावेश में यह सब तुम मुझे सुना रहे थे,
यह समझाने की कोशिश कर रहे थे—
तुम मुझे बेहद प्यार करते हो।
मैं समझ गयी,
अब तुम मुझे ज़रा भी प्यार नहीं करते!
प्यार जब ख़त्म हो जाता है,
तभी इन्सान हिसाब करने बैठता है,
अब तुम भी करने लगे हो हिसाब-किताब!

प्यार तभी तक होता है प्यार,
जब तक हो अन्धा और बहरा!
जब तक वह होता है बेहिसाब!

किसी-किसी के लिए...

पता नहीं क्यों तो, अचानक ही बेवजह, यूँ ही,
किसी-किसी के प्रति जागता है, बिल्कुल अलग-सा अहसास!
बिल्कुल अलग-सा लगता है।
कोई वजह नहीं, इसके बावजूद सीने में चिनचिनाहट, लगातार टीसती है,
किसी को देखने-पाने की चाहत जागती है!
किसी से बेहद घनिष्ठ होकर, बेहद करीब बैठने की चाह होती है।
वैसे इस चाह की कोई वजह नहीं होती, इसके बावजूद चाह जागती है।
असल में, चाहत पर कोई लगाम नहीं होती,
ये चाहत, एक सुबह से दूसरी सुबह तक तंग करती है, हर रोज़!
ये चाहत, कभी पूरी भी नहीं होती, फिर भी पड़ी रहती है बेशर्म की तरह!
    आसरा लगाए रहती है।
तकलीफ भी होती रहती है, हालाँकि तकलीफ की कोई वजह नहीं होती,
    इसके बावजूद टीसती रहती है।
इसी तरह वक्त बर्बाद होता रहता है।

पता नहीं क्यों तो, ज़िन्दगी के आखिरी दौर में पहुँचकर भी,
किसी-किसी के प्रति,
किशोरी की तरह क्यों महसूस करती हूँ।
जैसे छिपाए रखना पड़ती थी, किशोर उम्र की इच्छाएँ,
    आज भी वही हाल है।
वैसे जिसके प्रति जागता है, यह अलग-थलग-सा अहसास,
वह शख़्स यह चाहत देखकर, कहीं हँस न पड़े।
इसी भय से छिपाए रहती हूँ चाहत, आड़ में समेटे रखती हूँ तकलीफें!
यूँ चलती-फिरती हूँ, मानों मुझे कुछ नहीं हुआ!

मानो और सबकी तरह मैं भी सुखी इन्सान हूँ!
        बस, मैं चलती रहती हूँ।
यूँ जाने को कितनी ही जगहें जाती हूँ,
लेकिन, नहीं जाती, सिर्फ़ उसके पास,
जिसके लिए मन में बसा है, अलग-सा अहसास!

किसी-किसी के लिए यूँ अजीब तरह से,
असमय छाती क्यों फटने लगती है?
यूँ ज़िन्दगी में बाकी पड़े हैं, कितने ही काम! कितनी अफरातफरी!
इसके बावजूद सब कुछ परे हटाकर, सिर्फ़ उसे ही सोचती हूँ!
अगर वह न मिला, तो यह दुःख मुझे धज्जी-धज्जी कर देगा,
यह जानते हुए भी उसे ही याद करती हूँ,
उसे याद करके कोई फ़ायदा नहीं, इस अहसास के बावजूद,
        उसे ही सोचती हूँ!
वह मुझे कभी नहीं मिलेगा, यह जानते हुए भी,
सिर्फ़ उसे ही पाना चाहती हूँ।

जीवनगाथा

ज़िन्दगी इतनी छोटी क्यों है?
क्यों इतनी छोटी है ज़िन्दगी?
क्यों है इतनी छोटी?
कभी-कभी ज़िन्दगी पर हद गुस्सा आता है,
ज़िन्दगी अगर मिली ही, तो इतनी छोटी क्यों हुई?
अगर दी ही मुझे, इतनी लम्बी-चौड़ी दुनिया,
तो मुझे जीने दे,
इसका रूप-रस-गन्ध-घ्राण!
अगर प्यार करना सिखाया ही, तो पाने क्यों नहीं देती?
ज़िन्दगी सिर्फ़ आती है, गुज़र जाती है!
खाली-पीली निःशेष हो जाती है!

ज़िन्दगी भले टूट-फूट जाए,
ज़िन्दगी जाए जहन्नुम में!
चलो, भूल जाएँ, ज़िन्दगी चुक जाने की बात,
भूल जाएँ, मौत जैसी चीज़ हमारी गर्दन पर सवार है
चलो, प्यार करें!
चलो, ज़िन्दा रहें, प्रचण्ड रूप से ज़िन्दा रहें!
दिल को सँजोए रहें, दिल की तपिश में!
ज़िन्दगी चाहे जितनी भी टूटी-फूटी हो,
चलो, ज़िन्दगी की ही बातें करें!
चूम-चूमकर इस ज़िन्दगी को नम रखें!
        तरोताज़ा रखें!

मानवता

सीखो...

दो दिन की ज़िन्दगानी में, हमारे कितने-कितने राग-रंग!
कुछ ही देर में घण्टा बजेगा, टन्! टन्!
उस वक्त आँखों में नहीं होगा कोई रंग,
सारा कुछ स्याह-सफ़ेद!
जंग लगी त्वचा में टहल रहे होंगे सैकड़ों रोग!
ना, रोग नहीं, महज नौटंकी!
अब क्या किसी तरह भी वापस मिलेंगी मुझे आँखें?
आँखों की रोशनी?
अच्छा, चलो, छोड़ो, यह फ़िजूल का अहम्,
जितने दिनों ज़िन्दा हो, प्यार करो! यही बेहतर है!
इतने-इतने सारे बम और दिखावा-पसन्द वर्ग,
क्या कभी यूँ टिके रहते हैं?
तुम ठहरे इन्सान के बच्चे!
अब ज़रा सीखो! प्यार करना सीखो!

अमेरिका

तुम्हें शर्म कब आएगी, अमेरिका?
तुम्हें होश कब आएगा, अमेरिका?
तुम कब बन्द करोगे अपना यह सन्त्रास, अमेरिका?
कब तुम दुनिया के इन्सानों को ज़िन्दा रहने दोगे, अमेरिका?
कब तुम इन्सान को इन्सान समझोगे, अमेरिका?
कब तुम इस धरती को टिकी रहने दोगे, अमेरिका?
शक्तिमान अमेरिका, आज तुम्हारे बमों से मृत हैं इन्सान!
तुम्हारी बमबाज़ी से आज ध्वंस, नगर के नगर!
तुम्हारी बमबारी से आज धज्जी-धज्जी है सभ्यता!
तुम्हारे विस्फोट से आज नष्ट हैं सम्भावनाएँ!
तुम्हारे विस्फोट से आज सपने विलुप्त हैं।

तुम कब नज़र डालोगे, अपने हत्या-यज्ञ की तरफ?
 अपने कुत्सित मन की तरफ?
तुम कब देखोगे अपने कलंक की तरफ?
कब तुम्हें पछतावा होगा, अमेरिका?
तुम कब सच बोलोगे, अमेरिका?
तुम कब इन्सान बनोगे, अमेरिका?
तुम्हें रोना कब आएगा, अमेरिका?
तुम माफ़ी कब माँगोगे, अमेरिका?

हम तुम्हारी तरफ़ नफ़रत उछालते हैं, अमेरिका!
यह नफ़रत हम तब तक उछालते रहेंगे,
जब तक तुम अपने मारण-शस्त्र ध्वंस करके,
घुटनों के बल नहीं बैठोगे!
हम तब तक तुम्हें नफ़रत देते रहेंगे,

जब तक तुम प्रायश्चित नहीं करोगे!
हम तुम्हें नफ़रत ही देंगे,
हमारी सन्तानें भी तुम्हारे प्रति नफ़रत उगलेंगी,
सन्तानों की सन्तानें भी!

इस नफ़रत से तुम कभी निजात नहीं पाओगे, अमेरिका!
अपने कितने सहस्त्र आदिवासियों को
तुमने क़त्ल कर डाला,
कितने-कितने खून किए एल सेल्वाडोर में!
हत्या की है निकारागुए में,
की है चिली में, क्यूबा में!
किया है पनामा में, इन्डोनेशिया में, कोरिया में!
हत्या की है तुमने फिलीपीन में!
खून किया है तुमने ईरान, इराक़, लीबिया, मिस्र, पैलस्तीन
और विएतनाम में!
सूडान और अफ़ग़ानिस्तान में!
हिसाब करो इन मौतों का!
अमेरिका, तुम हिसाब लगाओ और अपने से नफ़रत करो, अमेरिका!
अभी भी वक्त है, अपने से तुम नफ़रत करो, अमेरिका!
अभी भी वक्त है, हथेलियों में अपना चेहरा छिपा लो, अमेरिका!
अभी भी वक्त है, तुम फ़रार हो जाओ, किसी झाड़-जंगल में,
ग्लानि से तुम सिमटे रहो! सिकुड़े रहो!
तुम आत्महत्या कर लो, अमेरिका!

ठहरो!
ज़रा रुको,
अमेरिका, तुम तो गणतन्त्र हो!
तुम स्वाधीनता हो!
तुम तो जेफरसन के अमेरिका हो,
लिंकन के अमेरिका,
तुम मार्टिन लूथर किंग के हो, अमेरिका!
तुम पांव जमाकर एक बार उठ खड़े हो,
आखिरी बार! मानवता के लिए!

लज्जा, 2000

पूर्णिमा का बलात्कार किया है,
ग्यारह मुसलमानों ने, भरी दोपहरी में!
बलात्कार किया, क्योंकि पूर्णिमा नामक लड़की, हिन्दू थी।
पूर्णिमा को, पूर्णिमा के ही घर के आँगन में पटककर,
उन लोगों ने बलात्कार किया।
पूर्णिमा की माँ को उन लोगों ने कमरे की खूँटी से बाँधे रखा।
माँ की सिर्फ़ आँखें खुली थीं!
उन्हें नज़र आ रही थी, अपनी किशोर बिटिया की विस्फारित आँखें!
यन्त्रणा से कातर शरीर!
पूर्णिमा की बहन, माँ को कसकर थामे, औंधे मुँह पड़ी थी!
आँगन में अफरातफरी!
पूर्णिमा की माँ पथराई आवाज़ में मिन्नतें करती रही–
'बेटा, एक साथ नहीं, एक-एक करके जाओ, उसके पास!'
ग्यारह उत्तेजित पुरुषांगों पर, तब उड़ रही थी धर्म की ध्वजा!
पूर्णिमा की रुलाई दबाते हुए, पूर्णिमा की माँ,
गाँव की कुलवधू की तुमुल चीत्कार गूँज उठी,
दोपहर हो गयी खण्ड-खण्ड!
वह उन बेटों से भीख माँग रही थी–
'जो करना चाहो, बेटा, मेरे साथ करो! ओका छोड़ दो।'

मुसलमानों ने पूर्णिमा को छोड़ नहीं दिया।
पूर्णिमा की माँ को भी नहीं छोड़ा,
छः वर्षीया छोटी बहन को भी नहीं बख़्शा!
क्यों छोड़ते भला?
वे सब की सब हिन्दू जो थीं!

लज्जा, 2002

बेहद धारदार छुरे से,
पहले तो उस लड़की का पेट चीरकर,
पेट का बच्चा निकाल लिया।
इसके बाद, उन लोगों ने बच्चे की गर्दन काट डाली।
उसका सिर उछाल फेंका, लड़की के पैताने,
धड़ सिरहाने!
यूँ उछाल फेंकने के बाद, उन लोगों ने ज़ोर का ठहाका लगाया।
कौन थे वे लोग?
वे लोग हिन्दू थे!
किसी भावी हिन्दू राज्य के देशप्रेमी नागरिक!
लड़की जब जान बचाने की ख़ातिर,
चीखें मार-मारकर गुहार लगा रही थी;
उन वहशियों ने उस लड़की की देह में आग लगा दी।
लड़की जलती रही
झुलसती रही
जलती-झुलसती कोयला होती रही वह लड़की!
अंगार होती रही उसकी त्वचा! जलता रहा मांस!
धधकती रही हड्डियाँ!
जल-जलकर कोयला होता रहा अस्थि, चर्म, मांस;
उसका हृदय, फुसफुस, उसकी जरायु—
सब कुछ जलकर कोयला होता रहा!

उस लड़की ने क्या कोई गुनाह किया था?
हाँ, किया था ना!
वह लड़की मुसलमान घर में जन्मी थी!
उसका एक मुसलमानी नाम था।

ग्यारह सितम्बर

ऊँची-ऊँची दो इमारतों के पतन का मतलब है, किसी ऊँची
चीज़ का पतन होना! अहंकार का पतन!
तिमंगल मछली की खाल पर, अगर कोई छोटी मछली दाँत गड़ा दे,
तो क्या तिमंगल मछली का मान नहीं जाता?
कमोबेश, तुम तीन हज़ार लोगों की बात करते हो,
उन लोगों की मौत का ज़िक्र उठाते हो।
अरे, तुम भाँय-भाँय रोते क्यों हो?
उन इन्सानों के लिए आँसू बहा रहे हो?
अरे, यह तो सच ही मगरमच्छ के आँसू हैं, जी! इतना शोक क्यों?
इतना हाहाकार किसलिए?
महीने-दर-महीने, साल-दर-साल, आँसू बहाते-बहाते,
तुमने तो समुन्दर रच डाला,
लेकिन कितने बूँद आँसू बहाए, जब अकेले इराक में ही,
तुम लोगों के डिप्लोमेट वर्ग के युरेनियम की वजह से,
घर-घर कैंसर फैल गया? बच्चे पंगु पैदा होने लगे?
और दस लाख लोगों ने अन्तर्राष्ट्रीय इम्बार्गो में ही दम तोड़ दिया?
वे लोग क्या इन्सान नहीं थे?
कितने बूँद आँसू बहाए, रुआंडा गृह-युद्ध में खेत रहे
लाखों-लाखों लोगों के लिए?
कहाँ? एक बूँद भी तो आँसू नहीं टपकाया।
उनकी याद में कोई स्मृति-सौध बनाने का इरादा नहीं किया!
रुआंडा के इन्सान क्या इन्सान नहीं थे?
हाँ, इन्सान तो सिर्फ तुम्हारी ऊँची-ऊँची हवेली या इमारतों में बसते हैं।
सच तो यह है कि वे लोग कोई दुनिया-ऊपर, अलग-थलग,

बहुत ज़्यादा इन्सान नहीं थे।
ज़्यादातर लोग एशिया, लैटिन अमेरिका के दरिद्र, गैर-क़ानूनी घुसपैठिए थे!
तो क्या तुम इन्सानों के लिए नहीं, ऊँची-ऊँची इमारतों के लिए रोते हो?
ऊँची-ऊँची इमारतों के बजाय, ये लोग,
अगर किसी छोटे मकान के मलवे तले दबकर मरे होते,
तो तुम नहीं रोते?
कितनी बूँद आँसू बहाए, बोसनिया के मृतकों के लिए?
अनाहार मरनेवाले, सोमालिया के तीन लाख लोगों के लिए?
और कितने बूँद आँसू बहाए, जब तीसरी दुनिया के लोग,
फाके करते हुए, बिना इलाज, बिना पानी, प्यासे मर रहे थे?
हर दिन हज़ारों-हज़ारों लोगों की मौत!
तुम्हें कुछ ख़बर है?
इन सब पर कभी निगाह डाली है तुमने?
जब टूटती है, कोई बड़ी इमारत, तभी तुम्हारी नज़र जाती है?
छोटे घर, बस्ती, सड़कों के बेघर इन्सानों की मौत,
तुम्हें नज़र नहीं आती?
इन्सान की मौत भी बेहद बीभत्स तरीके से
राजनीति के चक्कर में फँस गयी है।
निरीह जीवन तो छोड़ें,
मौत जैसी करुण, कातर, कष्टकर शै भी, आखिरकार,
इस चक्कर से, ज़रा भी मुक्त नहीं हो पाती।

नारी

तीन-चार-पाँच

वह शख़्स कमरे से बाहर निकला। चेहरे पर मन्द-मन्द मुस्कान!
मुहल्ले में चर्चे हैं—वह मुस्कान उसके चेहरे पर ख़ूब फबती है।
कोई नहीं कहेगा कि वह साठ पार कर चुका है!
बीवी का भी दिल जीतनेवाला रूप!
आज दोपहर वह शख़्स, अकेला ही निकला।
अकेले ही उसने तय किया, आज वह उस युवती के यहाँ जाएगा—
उस घर की औरत इधर कई दिनों से,
उसे जाने कैसी-कैसी निगाहों से देखती है।
आग पाते ही जैसे मोम पिघलती है,
हाथ पकड़ते ही, वह जवान औरत भी पिघल जाएगी,
मर्द इस बारे में निश्चित था।
इन दिनों उसकी देह आग-आग हो आयी है।
अकेली रहती है वह औरत! करीब दो सालों से अकेली!
बीभत्स रूप से बर्फ-बर्फ औरत!
औरत की गोलमटोल बेटी! उसका भी कोई संगी नहीं!
बच्ची भी अकेली ही झूठमूठ की रेत के घर बनाती है, खेलती है!
जैसी वह धारदार औरत, वैसी ही उसकी बेटी!
मर्द उस घर की तरफ़ बढ़ा।
भर-दोपहरी वह घर खाली ही रहता है।

म्यान में बौखलायी,
सेनापति की तलवार की तरह निकला आ रहा था मर्द का अंग! पुरुषांग!
वह उस सुनसान घर में घुस पड़ा।
उसने उस औरत की गर्दन, गाल सहलाया,

खेल में मगन बच्ची को भी थपथपाया।
अर्से से मन में पलती हुई लालसा,
तीखी, गहरी, गुपचुप चाह मिटाने के लिए,
उस मर्द ने बलात्कार कर डाला!
बच्ची की उम्र पाँच
मर्द ने फैसला किया, पाँच की उम्र तो बहुत होती है,
अब से वह पाँच का नहीं,
तीन-चार का भी मज़ा लेगा।

ए लड़की सुनो

तुमसे कहा—आहिस्ते
कहा—धीरे
कहा—बात नहीं
कहा—चुप

कहा—बैठी रहो
कहा—सिर झुकाओ
कहा—रोओ

तुम्हें क्या करना है, पता है?
अब, तुम उठकर खड़ी हो जाओ!
पीठ सीधी किए, सिर ऊँचा उठाए, खड़ी हो जाओ।
तुम बात करो, अनर्गल बात करो, जो मन में आए कहो!
ज़ोर-ज़ोर से बोलो,
चींख-चींखकर बोलो,
ऐसे चींख-चींखकर बोलो कि वे लोग अपनी हथेली से कसकर अपने कान ढंक लें।

वे लोग तुमसे कहेंगे, छिः छिः! बेहया! बेशरम!
सुनकर तुम हँस पड़ना।
वे लोग तुमसे कहेंगे, तेरा चरित्तर ठीक नहीं है,
सुनकर तुम ठहाका लगाना।
कहेंगे, तुम नष्ट हो! भ्रष्ट हो!
तुम और ज़ोर के ठहाके लगाना।

ठहाके सुनकर, वे लोग दहाड़ उठेंगे—तू वेश्या है!
तुम कमर पर दोनों हाथ रखकर, पैर छितराकर खड़ी रहना,
कहना—हाँ, मैं वेश्या हूँ।
उन लोगों का अंतड़ी चमक उठेगी।
वे लोग विस्फारित आँखों से तुम्हें घूरेंगे,
उनकी निगाहें तुम पर गड़ी होंगी! अपलक! एकटक!
इससे आगे भी तुम कुछ कहती हो या नहीं—
वे लोग सुनने को अपने कान खड़े रखेंगे।
वहाँ मौजूद मर्दों की छाती काँप उठेगी।
वहाँ मौजूद सभी औरतें,
तुम्हारी ही तरह वेश्या होने के सपने देखेंगी।

मनमानी

'यह शिउली नामक लड़की यूँ तो मन्द-मन्द मुस्कराती है,
लेकिन ऐसी तीखी-तनी आँखों से देखती है,
कि निगाह न हटाए बनती है, न टिकाए बनती है–'
पता नहीं यह जुमला अरुष ने कहा या संदीप ने!
दोनों में से किसी एक ने कहा।
ऐसा भी हो सकता है कि दोनों में से कोई नहीं बोला,
मेरे ही मन ने कहा हो।
हमारा जहाज, विद्यासागर सेतु के नीचे से होकर, हावड़ा पुल से गुज़रते हुए,
किस ओर बढ़ रहा था, पता नहीं।
जितनी दूर तक नज़र गयी हो, शायद उतनी दूर तक बढ़ा जा रहा हो!
अब दक्षिणेश्वर भी पार कर गया।
इन सबके बीच मैंने देखा, शिउली चन्दा वसूल रही थी।
गंगा की हवा उड़ाए लिए जा रही थी, उसकी साड़ी, बाल, कान की लटकन!
शिउली वसूल रही थी–जी भरकर मनमानी करने के लिए चन्दा!
वाह! क्या खूब, मनमानी करने के लिए चन्दा!
जहाज के चार-पाँच मुसाफिरों ने चन्दा दे भी दिया।
मैंने भी पचास रुपये का एक नोट उछाल दिया।
लेकिन चन्दा क्यों? चन्दा की ज़रूरत क्यों पड़ गयी?
पसीने-पसीने होती हुई शिउली ने गला खखारकर;
ज़रा हँसते हुए कहा कि उसके किसी कलाकार दोस्त ने
जो मन में आये, करने के लिए, एक नयी संस्था बनायी है,
मनमानी करने के लिए! अब, रुपयों की ज़रूरत है, इसलिए
अब रुपये...
यह कैसी मनमानी?

सब अपने-अपने मर्द मित्रों और महिला मित्रों के साथ मिलकर,
कोई घर लेंगे, किराये पर! वहाँ दारू पीएँगे; हो-हुल्लड़ मचाएँगे;
गुलछर्रे उड़ाएँगे, मौज-मज़ा करेंगे।
उसके बाद?
उसके बाद, सब अपने-अपने घर लौट जाएँगे और सारी
अय्याशी भूल जाएँगे।
यह सुनकर मैं बेतरह आतंकित हो उठा—
मैंने छूटते ही सवाल किया, 'क्यों, भूल क्यों जाएँगे।
भूलने का सवाल ही क्यों? भूलने की क्या ज़रूरत है?'
'धत्! जो चाहे करने से लाज नहीं आएगी?'
शिउली की पलकें कँपकँपा उठीं, होंठ फड़फड़ा उठे।
उसने दबे लहजे में कहा, 'सभी की घर-गृहस्थी है न!
कलह मच जाएगी।'
'अगर मैं अपनी मनमर्जी करना चाहूँ और अगर ऐसा
कुछ करूँ तो मैं उसे भूलना नहीं चाहूँगा।'
मेरी बात सुनकर, शिउली ने मेरी तरफ ईर्ष्याभरी निगाह डाली—'तुम्हारे पति
या घर-गृहस्थी जो नहीं है।'
शिउली का हाथ थामकर, मैंने उसे करीब खींच लिया और उसे
लिए-दिए, चकरी की तरह, नाच उठा।
मैंने कहा—'अब जो मैं यह मनमानी कर रहा हूँ, यह क्या कभी भुला दूँगा?'
जहाज की रेलिंग से पीठ टिकाकर, गंगा की खुशबू लेते-लेते मैंने कहा—
यही तो है, मेरी मनमानी!
जहाज की छत पर चढ़कर, भरपूर आवाज़ में एक
भाटियाली गीत छेड़ते हुए, मैंने फिर कहा—'देखा,
कर रहा हूँ न, मनमानी?'
शिउली ने इधर-उधर निगाह दौड़ाई। सीढ़ी तक
आते-आते अचानक ठिठक गयी।
छत पर चित् लेटते हुए मैंने चींखकर पूछा—
'यह सब तो तुमने मनमानी में गिना नहीं होगा?'
उसने इन्कार में सिर हिलाया—ना, नहीं गिना!
उसके बाद, वह तो जैसे बेहोश ही होने लगी,
जब मैं गंगा में कूद पड़ा!

आराम से घण्टे भर सैकड़ों मुद्रा में तैरते रहने के बाद,
जब मैं जहाज पर लौटा,
जहाज भर के लोग अचरज से मुँहबाये खड़े थे।
मुझे देखते ही लोगों ने सवाल किया—यह तुमने क्या किया?
मैंने जवाब दिया—जो मन हुआ, सो...
इस बार मैंने शिउली को रंगे हाथ पकड़ लिया—
'सुना तुमने! सुनी थी तुमने तैरने की आवाज़?'
लम्बी-सी उसाँस छोड़ते हुए, उसने होंठ बिचकाकर कहा—
ना!
'फिर क्या सुना?'
वह कानों में फुसफुसाई—'पराये मर्द को
चूमने-चाटने की...! वह भी चुपके-चुपके!
कोई देख न ले! कोई कुछ समझे ना—'
मैंने ज़ोर का ठहाका लगाया!
अरुष करीब ही मौजूद था!
मैंने कहा—ओ अरुष, तुम्हें चूमने का मन हो रहा है, जी!'
उसी पल, वह शर्म से लाल हो उठा!
नीम राजी लड़के का हाथ छूते ही, वह राजी!
जहाज में मौजूद सभी लोगों ने देखा—
अपनी दोनों बाँहों में भरकर, मैंने अरुष को चूम लिया।
शिउली की बकबक जारी थी—छिः-छिः तुम्हें बिल्कुल शरम-लिहाज नहीं।
मैंने शिउली को चूमते हुए कहा—'देखो, मैं तो किसी दिन भी नहीं भूलना
चाहूँगा, यह चुम्बन!'
इतना कहकर, जैसे ही मैंने रेलिंग से टिककर, हवा में नाचना शुरू किया,
शिउली ने पचास रुपये का नोट, झट् से मुझे वापस कर दिया
और वहाँ से चल दी!
वह दूसरी तरफ चल दी थी, चन्दा वसूलने के लिए!

पद्मावती...

एक थी स्वाति और एक थी शाश्वती! जाने कैसे तो, उन दोनों के बीच, आ पहुँची पद्मावती! जाने वह स्वर्ग से उड़कर आयी या कोई हवा उसे ले आयी या कोई सपना ले आया, पड़ोसी बहू को इसकी कोई जानकारी नहीं।

बदन पर झीनी साड़ी और छुटपुट जो आवरण थे, सारा कुछ उतारकर, सामने आ खड़ी हुई, पद्मावती रूपवती! स्वाति के हाथ अपने आप पद्मावती की छाती पर खिले कमलों तक जा पहुँचे! सद्यःस्नात शाश्वती के बदन पर अभी भी चमक रहा था बूँद-बूँद जल! बालों की कोरों से झर रही थीं बूँदें, चिकनी पीठ पर! मानो जल नहीं, नक्षत्र हों! पद्मावती उन नक्षत्रों को उँगलियों से चुन-चुनकर, अपने होठों पर सजाती रही। शाश्वती उठ आयी, लता की तरह, पद्मावती की बायीं बाँह तक, अपने नम होठ सुखाने के लिए! उधर स्वाति की नम जुबान, भिंगोती रही, पद्मावती के पद्मवृन्त! स्वाति के होठों के सामने अब दुनिया-जहान! दुनिया-जहान का ज्योतिर्मय जादू!

पद्मावती ने धीरे-धीरे अपने को बादलों की तरह लिटा दिया, आकाश में और शाश्वती रुई के फाहे जैसी हल्की, उसकी बादल-देह के अन्दर गुम होती गयी। स्वाति राह नहीं खोज पा रही थी। दोनों ही पानी के लिए प्यासी! बेभाव प्यासी! पद्मावती ने ही उनकी प्यास बुझाने की पहल की। जन्मों की प्यास। बादलों में चेहरा डुबोकर, दोनों ने पानी पीया! जी भरकर! आह! आकाश के बदन पर मानों पूरा का पूरा सागर उमड़ पड़ा हो। पद्मावती के भींगे होंठ उठ आये, शाश्वती के युगल होंठों तक। स्वाति के होंठों पर होंठ! पद्मावती की देह में मानो बिजलियाँ कौंधने लगीं, वह बिजली स्वाति को. ..शाश्वती को झुलसाती रही। बिजली में घुलमिल गए,
जोड़े-जोड़े होंठ!

होंठों का होठों से होता रहा प्यार
प्यार होता रहा आकाश-पार
जन्म ले रही थी, नारी से नारी!

औरत-जन्म

मुझे उन पर तरस आता है, जो औरत नहीं हैं।
उन अभागों के लिए, जो औरत नहीं हैं, मुझे अफसोस होता है।
अविश्वसनीय है यह कला। अतुलनीय कलाकृति है औरत।
विश्व का विस्मय! परम अद्भुत! विचित्र!
हाँ, मैं औरत हूँ। चाहती हूँ, सदा-सर्वदा, सौ-सौ बार, मैं औरत ही रहूँ!
बार-बार औरत बनकर जन्म लूँ!
मैं हज़ारों जन्म चाहती हूँ! औरत का ही जन्म चाहती हूँ।
मुझे चाहिए अपने में औरत सरीखा प्यार!
कामरस में स्नात्, मैं चाहती हूँ, मैथुन में बेसुध होते-होते
आकुल-व्याकुल मैथुन!
चाहती हूँ एक शिशु!
मेरी यह तीव्र प्रचण्ड चाह, तीव्रतर होती रहे,
जब तक मेरी नारी-देह शुक्राणुओं को जन्म नहीं देती।
अब एक भ्रूण है मेरी कोख में,
अब मैं एक बच्ची को जन्म दूँगी, मैं औरत हूँ,
एक मादा-शिशु को जन्म दूँगी।
प्यार करते हुए मैं बन गयी हूँ, सर्वदर्शी, सर्वमयी, सर्वव्यापिनी,
शाश्वती नारी-शक्ति!
प्यार करती हूँ, मादा शिशु। किशोरी! तरुणी! युवती! वृद्धा!
हिरण्यमयी, इच्छामयी, प्राणवती, हृदयवती आवर्तित होते-होते,
विवर्तित होते-होते, सम्राज्ञी होते-होते,
समूचे ब्रह्माण्ड की ईश्वरी हो गयी हूँ मैं!
मैं खुद को प्यार करती हूँ।
औरत को!
औरत-जन्म को!

ओ मन, जागो

मन तुम जागो, जागो तुम, तुम जागो मन!
मन! मन! मन! जागो मन! जागो मन! तुम जागो! जागो मन!
मन तुम जागो,
मन! मन! मन!
जागो, प्यारे मन, अब, तुम जागो!
जागो, पुरुष के सन्दर्भ में! मन जागो!
तुम उठो! ज़ंजीरें तोड़कर उठो; प्रेम-प्यार की सख़्त ज़ंजीरें
तोड़कर अब उठो!
तुम अपने ढंग से बात करो
तुम अपने ढंग से देखो
अपने ढंग से हँसो,
अपने ढंग से खुशियाँ मनाओ,
अपने ढंग से अफसोस करो!
दुःख जाहिर करो!

मन तुम जागो! जब तक तुम हो, उस पथ में, पथिक में, उस पुरुष में,
पुरुष के पदांक में, पदतले, उस पात्र में, पतन में;
जब तक तुम परजीवी, तुम परोपजीवी, जब तक तुम हो परवश, पराहत,
तब तक तुम, तुम नहीं हो!
जब तक तुम प्रणत्, प्रच्छन्न, तब तक तुम प्रफुल्ल नहीं;
प्रबल, प्रखर नहीं, प्रतापान्वित नहीं!
उठो, परित्राण पाने के लिए उठो, प्राण पाने के लिए उठो!
उठो, लड़की, उठो, एक लड़की उठो!
पुनर्जन्म हो तुम्हारा, पुनरुत्थान हो तुम्हारा!

ऐसा पूरा का पूरा मर्द, कभी मत बसाए रखना दिल में,
पुरुष जब अन्तस में दाख़िल होता है, अकेले दाख़िल नहीं होता,
दाख़िल होता है समूचा पुरुषतन्त्र!
इस तन्त्र के मोहक मन्त्र पर अगर तुम हुईं मुग्ध, प्यार में पुलकित, तो,
समझ लो, तुम्हारी मौत हो गयी, निश्चित है तुम्हारी मौत!
ओ मन, तुम उठो, नाचो अपनी तरह,
तुम ज़िन्दा रहो, अपनी तरह!

फेस ऑफ...

लड़की आ रही है
चेहरा जला हुआ,
चेहरा अब नहीं है, और चेहरों जैसा!
मानो तलैया भर की कीचड़ पर, कोई राक्षस चलकर गुज़र गया हो।
बीभत्स चेहरा! असल में चेहरा जैसा उसका चेहरा रहा ही नहीं!

वह हाथ में कोई ऐसिड लेकर नहीं आयी है।
तुम्हारे चेहरे पर वह एसिड फेंकनेवाली भी नहीं है
वह इतनी क्रूर नहीं। इतनी क्रूर तो वह हो ही नहीं सकती।
तुम्हारा चेहरा नोंचकर, वह तुम्हारे चेहरे से अलग नहीं करेगी।

लेकिन वह चलकर तुम्हारी ही ओर आ रही है।
बिजली के तार से झूलते हुए, मरे हुए चमगादड़ की तरह,
उसकी आँखें कोटर से बाहर झूल रही हैं।
उसकी नाक भी पूरी तरह भुर्ता बन गयी है।
माथा नामक कोई चीज़ नहीं, न गाल, न होंठ का पता,
लेकिन उसके सारे के सारे दाँत अभी तक सही-सलामत हैं
दाँत नहीं जले; दाँत सब अभी भी शुभ्र-सफेद;
अब भी नुकीले, धारदार!
वे दाँत तुम्हारे जिस्म में गड़ाकर, तुम्हें नोंचने के लिए हैं।
वह तुम्हारे चेहरे पर दाँत नहीं गड़ाती, बाँहें या सीना नहीं नोंचती,
न पेट पर दाँत मारती है, न पीठ पर!
लेकिन उसने दाँत गड़ा दिए हैं।
उसने तुम्हारे पुरुषांग को काट खाया।
शी बाइट्स योर डिक-ऑफ!

(यह कविता पहले अंग्रेजी में लिखी गई थी। यह उसका अनुवाद है)

नष्ट लड़की...

ये लड़कियाँ किसी की भी बात पर कान नहीं देतीं,
जो मन होता है, वही करती हैं।
किसी के भी आदेश-उपदेश की परवाह नहीं करतीं।
दीदे फाड़-फाड़कर हँसती हैं, हो-हुल्लड़ मचाकर, जिस-तिस को
धमकियाँ देती फिरती हैं।
नीति-रीति की कोई बला नहीं, सब एक तरफ जाते हैं, ये लड़कियाँ
उल्टी तरफ चल देती हैं।
एकदम पागल हैं!
कोई पसन्द आ गया, तो चूम लिया, पसन्द नहीं आया, तो लात जमा दिया।
लोग क्या कहेंगे या नहीं कहेंगे, इस पर वे बिल्कुल नज़र नहीं डालतीं।
लोग उन पर थूकते हैं, पेशाब करते हैं।
कोई उनकी छाया तक नहीं छूता, शरीफ लोग तो देखते ही
दौड़कर भाग लेते हैं,
इन नष्ट लड़कियों के दिमाग़ में बुद्धि नाम की कोई चीज़ नहीं,
उठकर चल पड़ती हैं, समुन्दर की सैर को!
कहीं आँधी-तूफ़ान के तो आसार नहीं हैं, आसमान की ओर भी नहीं देखतीं,
बस, ऐसी ही हैं ये लड़कियाँ, किसी की भी परवाह नहीं करतीं।
घने जंगल में घुस पड़ती हैं, रात-विरात!
अब तो चाँद की तरफ चल पड़ी हैं।

आह! मेरा भी हद मन करता है, मैं भी नष्ट लड़की बन जाऊँ!

(यह कविता भी अंग्रेज़ी कविता का अनुवाद है)

अगर कर सको, तो घर्षण करो

अब और बलात्कार की शिकार मत हो! अब और नहीं!
अब कभी न सुनूँ शोक-संवाद—
किसी हरामज़ादे या किन्हीं हरामज़ादों के गिरोह ने,
तुम्हारा बलात्कार किया है।
मैं अब नहीं देखना चाहती, किसी एक भी घर्षिता का कातर-करुण चेहरा,
अब मुझे नज़र न आये, किसी मर्द-पत्रिका में,
किसी मर्द-पत्रकार की लिखी हुई रिपोर्ट!
जिसे पढ़ते-पढ़ते कोई मर्द पाठक, मन-ही-मन
एक बार फिर उस घर्षिता का घर्षण करे! बलात्कार करे!
सुनो, अब घर्षिता न होना!
बल्कि बलात्कार को आमादा मर्द का पुरुषांग काटकर,
उसी के हाथ में पकड़ा दो।
या झुला दो उसकी गर्दन में।
मुन्ने-राजा अब चूसते रहें अपना-अपना दिग्विजयी अंग!
चूसते रहें निरुपाय झूलता हुआ अण्डकोष!
अब घर्षिता हरगिज न होना,
अगर कर सको, तो मर्दों को अपने पैरों पर झुकाओ,
उन्हें पराभूत करो;
पतित करो, पायमाल करो।
अगर कर सको, तो बलात्कार करो!
अगर कर सको, तो उनका पुरुषत्व नष्ट करो।
लोग छिः-छिः करेंगे न? करने दो।
लोग-बाग़, यहाँ तक कि घर्षिता औरतें तक,
यही कहेंगी न कि तुम तो बदमाश मर्दों जैसी हो!

कहने दो! उन्हें कहने दो कि यह कोई समाधान नहीं!
कहने दो कि तुम भली औरत नहीं हो!
कहने दो उन्हें। तुम किसी बात पर कान मत देना,
अब तुम्हें भली बनने की कोई ज़रूरत नहीं है।
हज़ारों-हज़ारों साल तुम भली बनी रहीं, लड़की,
अब ज़रा बुरी बनो!

चलो, हम सब मिलकर बुरी औरत बन जाएँ,
बुरी बनने जैसा भला काम, और कहीं है भला?

□□